KB071346

삼성판매
STORY
실행력으로
승부한다

삼성판매 STORY
실행력으로 승부한다

초판 1쇄 발행 2024년 5월 5일

지 은 이   김윤선
발 행 인   권선복
편   집   한영미
디 자 인   김소영
전 자 책   서보미
마 케 팅   권보송
발 행 처   도서출판 행복에너지
출판등록   제315-2011-000035호
주   소   (157-010) 서울특별시 강서구 화곡로 232
전   화   0505-613-6133
팩   스   0303-0799-1560
홈페이지   www.happybook.or.kr
이 메 일   ksbdata@daum.net

값 22,000원

ISBN 979-11-93607-29-9 (13320)

도서출판 행복에너지는 독자 여러분의 아이디어와 원고 투고를 기다립니다. 책으로 만들기를 원하는 콘텐츠가 있으신 분은 이메일이나 홈페이지를 통해 간단한 기획서와 기획의도, 연락처 등을 보내주십시오. 행복에너지의 문은 언제나 활짝 열려 있습니다.

삼성판매 STORY
실행력으로 승부한다

김윤선
지음

도서
출판 행복에너지

서론

지금부터 영업에 관한 얘기를 하려고 한다.

가전제품 소매영업에 관한 얘기이다.

판매매장에서 지점장과 판매사원들이 일목표 달성을 위해 어떻게 하루하루 일과를 보내고 생활을 하는지. 목표를 달성하는 매장과 목표를 달성하지 못하는 매장의 차이점은 무엇인지. 어떻게 하는 게 매장운영을 잘하고 고객을 계속 늘려갈 수 있는 건지. 정말 영업에 왕도는 있는 건지.

지금까지 영업에 관련된 마케팅 서적이나 판매전략, 전술에 관한 개념적 서적은 차고 넘치는 것으로 안다. 그러나 정작 판매매장에서 실무자들이 무엇을, 어떻게 해야 하는지에 대한 구체적인 오퍼레이팅 사례나 실천지침에 대한 얘기는 아마도 이 책이 최초일 듯하다.

앞서 영업관련 서적을 출간하신 영업출신 선, 후배님들의 선각자적인 마케팅이론과 전략, 전술에서 판매현장의 구체적

실천방안이 다소 아쉬웠다면 필자의 실전 판매경험을 토대로 한 "실행력강화 How to 실천사항"을 참조하면 부족한 2%에 대한 갈증이 어느 정도는 보완이 될 것으로 생각이 된다.

　필자는 1989년에 삼성그룹 공채로 입사하여 삼성전자 국내영업본부 특판사업부에서 13년간 직판영업direct sale을 하였다. 사업자나 법인단체에 찾아가서 대량물량 직접판매를 하는 것이다.

　운이 좋았는지 체질에 맞았는지 결과적으로는 영업을 잘 하였고 과장이 되기까지 특진을 2번을 하고 승승장구하였다.

　덕분에 1997년에 일본 지역전문가로 선발되어 일본에서 어학을 공부하고 문화를 체험하는 특혜를 받기도 하였다.

　그때 습득한 일본어 JPT 1급이 밑천이 되어 삼성전자판매(구 리빙프라자)에 전배 와서 일본 선진유통 노하우 습득을 통한 국내 가전 소매영업 기본체계 구축에 있어서 나름 지대한 역할을 하였다.

　삼판(삼성전자판매)에서 20년을 소매영업 활동을 하면서 지점장도 7번을 하였고 본사, 지사 스텝에서 기획하고 판촉하는 지원업무도 할 만큼 수행하였다.

　삼성전자 직판 도매영업 13년, 삼성전자판매 가전 소매영업 20년, 도합 33년을 가전제품 도·소매 영업에 종사하면서 나는 내 청춘을 회사에 바쳤으며 그 과정에 참으로 많은 일들이 있었다. 33년을 도·소매 영업을 했으니 얼마나 많은 일들이 있었겠는가.

이러한 영업의 직접체험, 경험, 실무사례를 이 책에서 디테일하게 하나하나 풀어보려고 한다.

목적은 두 가지이다.

첫째는, 인생의 전부였던 영업노하우를 체계적으로 정리해 보고 싶었다. 퇴사 후에 이대로 묻혀 버리기에는 너무 아까운 사례들이고 실무지식이다.

요즘 만나는 후배들마다 이구동성으로 갈수록 장사가 어려워지고 있다고 하소연을 한다. 이럴 때일수록 레트로적인 기본 루틴의 철저한 실천이 필요하다는 것을 이 책을 통해 강조하고 싶다.

둘째는, 비단 가전영업이 아니더라도 고객을 상대로 소매장사를 하는 업종이라면 제대로 된 영업조직을 구축해야 하고 실행력 강화를 위한 필수 오퍼레이팅 노하우가 절실할 텐데 이 책에서 한 가지라도 인사이트를 찾을 수 있기를 바라는 마음에서다.

갈수록 어려워지고 힘들어지는 영업환경에서 어떤 한 사람의 장사경험과 노하우를 읽어 보면서 본인의 돌파구와 솔루션을 찾을 수 있다면 얼마나 좋은 일인가.

1부에서는,

삼성전자 13년 직판영업, 삼성전자판매 20년 소매영업 활동을 순차적으로 기술하면서 각각의 단계에서 중점적으로 실행하고 역할하였던 내용들을 얘기하고자 한다.

그동안의 영업현장에서의 역할수행 과정을 공감하면 필자에 대한 이해도가 형성될 것이고 어느정도의 신뢰감도 생겨날 것이다. 지나온 과정, 과정에서 영업에 대한 개인적인 생각과 신념을 얘기할 것이며 현장사례나 에피소드도 소개가 될 것이다. 그냥 담담하게 이해하고 받아들여 주었으면 하는 바람이다.

2부에서는,

필자의 판매현장 경험을 토대로 소매영업 실전에서 정립한 "실행력강화 How to 실천사항"을 핵심항목 중심으로 구체적으로 기술할 것이다.

직접 판매를 하고 영업을 해보지 않으면 얘기할 수 없는 내용들이며 모든 영업을 하는 사람들의 입장에서 폭넓게 해석해 보면 다각적인 인사이트를 찾을 수 있는 알토란 같은 노하우들이다.

이 책의 본론이라고 할 수 있는 2부 내용이 후배 영업사원들의 현장실천 기본지침이 되고 영업을 지원하는 신입사원들은 물론 각 업종의 모든 영업지원자들의 사전 필독 학습내용이 되기를 진심으로 바라는 마음이다.

마지막 3부에서는,

소매영업에 대한 나의 개인적인 생각과 영업을 하는 모든 후배들에게 당부하고자 하는 내용들을 몇 가지 항목으로 축약하여 솔직, 담백하게 정리를 해보았다.

어쩌면 3부에서 얘기하는 내용들이 필자가 직장생활을 하면서 정년까지 버틸 수 있게 해준 영업업무에 임하는 기본 자세와 마인드였다고도 말할 수 있다.

먼저 독자들에게 질문 몇 가지 하고 시작을 하고 싶다.

1. 영업을 무엇이라고 생각하십니까?
2. 영업을 잘하려면 어떻게 하면 됩니까?
3. 영업에 왕도가 있다고 생각하십니까?

추천사

손병두

서강대학교 총장, 호암재단 이사장, 삼성꿈장학재단 이사장

IMF, 코로나 팬데믹 등 여러 변수가 많았던 국내외 열악한 영업 환경을 탁월하게 극복하고, 소매영업에 있어 실행력으로 승부해 온 저자를 비롯한 삼성 영업인들의 노력에 진심 어린 찬사를 보냅니다.

저자가 제시하는 '완전판매' 개념은 단순한 영업 기술을 넘어, '완전기업'으로 사업보국 하고자 하는 삼성의 기업 정신과 맥을 같이합니다. 신뢰와 정직을 바탕으로 한 영업문화의 창조와 고객에 대한 세심한 배려를 통한 관계 형성이 그 첫 번째입니다. 이는 고객과 회사가 서로 행복할 수 있는 건강한 사회를 만들어 나가는 데 필수적인 요소입니다.

특히 30년이 넘는 세월 동안 영업의 최전선에서 혼과 열정을 담아 소매영업에 쏟아부은 저자의 노고에 깊은 감사와 격려를 전합니다. 이 책 속에 녹아들어 있는 저자만의 경험과 지혜는 삼성 영업인들에게 더 큰 영감을 주고, 앞으로도 끊임없는 성장과 발전을 이끌어 낼 것입니다.

한 걸음 더 나아가 이 책은 삼성 영업인들뿐만 아니라 모든 분야의 마케팅 전문가들에게도 실행력의 중요성을 알리는 메신저 역할을 할 것입니다. 현장 실행력을 강화함으로써 더 나은 비즈니스 환경과 더 건실한 사회를 만들어 갈 수 있으리라 확신하며 일독을 권합니다.

목차

PART
1

영업에 청춘을 바치다

RETAIL BUSINESS

영업에
청춘을 바치다

직판영업에서
장사의 재미를 느끼다

1989년 1월에 입사를 하였다.

당시에는 그룹공채로 동기들이 5천 명 정도 입사를 하였고 그룹 입문교육, 각사 입문교육, 본부 입문교육 등 3개월에 걸쳐 교육을 받고 최종 근무부서에 배치를 받았다. 첫 발령부서는 국내영업본부 특판사업부 특판관리과였다.

원래 지방영업소에 TO가 있어서 발령예정이었으나 89년 3월에 결혼을 하였고 당시 집사람이 첫째를 임신하고 있을 때라 인사과 선배에게 사정을 얘기하고 서울에서 근무할 수 있도록 배려를 받았다(그 인사과 선배는 13년 후 삼성전자판매 인사부장으로 다시 만나게 된다). 그리고 최종부서 발령받는 날이 3월 25일이었는데 그날 결혼식이 잡혀서 부서장께 인사도 못 드리고 결혼을 하게 되었다.

지금도 결혼사진을 보면 교육 같이 받던 회사 동기들과 학교 친구들만 잔뜩 있고 부서원들은 한 명도 없다. 나중에 알았지만 축의금 측면에서는 손해를 많이 보았다. 결혼 전에 먼저 가서 인사라도 드렸으면 됐을텐데 그때는 그런 거를 잘 몰랐다.

신혼여행 마치고 부서근무를 시작했는데 분위기가 싸했다. 그때는 각 부서별로 여자 경리사원들이 있었는데 여직원들에게도 결혼한 신입사원은 관심 밖이었고 특판사업부 영업은 국내영업본부에서도 약간 한직처럼 느껴지는 영업부서가 모여있는 곳이었다(당시 국내영업은 대리점관리가 주류였고 그 외는 비주류였다).

특직판, 농협, 해외쿠폰, 군납, 구판장 영업 같은 국내영업에서 비중도 적으면서 사고도 많고 시스템, 업무프로세스가 아직 정형화되지 않은 일들이 많았다.

글벗, 셈벗부터 배웠다. 글벗은 삼성워드 훈민정음 나오기 전에 쓰던 것이었고, 셈벗도 엑셀 전에 사용하던 소프트웨어이다. PC는 플로피디스켓 쓰는 286, 386 PC이고 프린터도 도트프린터였다.

밤을 새워 브라운관 모니터를 들여다보면서 자료를 만들었고 프린트 리본을 갈아 가면서 자료를 프린트했다.

문서를 보관하던 플로피 디스켓이 깨지면 그 안에 있던 자료를 처음부터 다시 만드느라 또 며칠 밤을 새곤 했다.

매직으로 켄트지에 회의자료를 직접 써서 만들었던 선배는 그래도 컴퓨터를 쓰는 나를 부러워했다.

특판관리과에서 1년 정도 기본적인 업무수행 능력을 배운 후에 바로 옆에 있는 직판2과로 부서를 옮겼다. 그때부터 발군의 장사실력을 발휘하게 되었다. 그때 모셨던 직판2과 과장님은 영업에 타고난 재능이 있고 본능적인 영업감이 있는 분이었다.

직판2과 거래선은 특판사업부에서도 제일 첨예한 거래선들이었고 채권사고, 돌발 예외사항들이 많이 생기는 민감한 거래선들이었다. 과장님은 특판관리과에 있는 똘똘한 신입사원을 눈여겨 보고 있다가 낚아챈 것이다.

특판2과 발령 받자마자 과장님은 두툼한 리스트를 잔뜩 주면서 바로 출장을 가라고 했다. "예, 과장님!" 하고 일단 출발하고 수원으로 내려가면서 리스트 내용이 뭔지를 알게 됐다. 전국 국민은행지점에 특판으로 납품했던 카세트가 있었는데 반품, 교환, 불량, 파손품 등을 보관하고 있던 전국 대리점을 돌면서 물량을 회수하고 잔뜩 꼬여 있는 채권을 정리하는 일이었다.

첫 업무치고는 난이도가 매우 높았다. 처음 보는 대리점 사장들에게 왜 지금 왔냐고 욕도 많이 먹었고 불량카세트를 회수하여 화물탁송하고 거미줄처럼 꼬인 채권을 정리하는 데 한 달이 걸렸다. 신입사원은 그렇게 특판2과 장기 악성채권을 한 달만에 깔끔하게 정리했고, 해당 납품건을 판매했던 선배는 사직서를 내고 퇴사했다.

정식으로 맡은 첫 거래선은 숙박업소였다. 여관, 여인숙부터 시작해서 호텔, 콘도에 가전제품을 판매했다. 전국을 뒤집고 다니면서 자재과, 구매과, 총무과 담당들을 만나서 상담했다.

숙박업소 다음에는 관공서(정부기관. 재투자기관), 기업체, 입찰(조달청, 군수본부, 육군경리단) 등 모든 직판 거래선을 상대로 미친 듯이 영업을 하고 다녔다(당시에는 가전제품 대량판매건은 거의 서울 특판사업부에서 전국 수요를 관장했다).

한 달에 절반 이상이 출장이었다. 나는 영업시작 처음부터 역마살이 끼었다. 아침에 본사에서 회의를 하고 오후에 동해 교육청에 가서 입찰을 하고 밤차로 올라와서 다음날 비행기로 제주도 호텔, 콘도 갔다가 다시 부산으로 건너와서 호텔납품건 수금하고 본사 와서 잠깐 보고하고 집에 들려 옷 갈아입고 바로 대관령, 한계령, 미시령, 진부령에 오픈하는 콘도에 물건을 납품하고 다니는 생활을 하고 다녔다.

당시에 강원도에서 잼버리가 열려서 오픈하는 콘도, 호텔이 유독 많았다. 강원도로 넘어가는 길목이 구리였는데 그때 아예 구리시로 이사와서 지금도 구리에 살고 있다.

직판영업을 1년 정도 정신없이 하고 다닐 때쯤 영업본부에 감사 TF가 만들어졌다. 지방특판에 채권사고가 많이 발생하던 시점이었다. 인사, 관리, 채권, 인판(부녀자원판매), 특판 등 각 업무영역별로 영업본부 전체적인 전국영업소 자체진단 업무가 시작되었고 특판에서는 내가 차출이 되었다. 봉고차를 타고 각 부서에서 차출된 TF인원들 7~8명이 한 달 동안 전국 영업소를 돌아다녔다.

지방특판 감사를 마치고 복귀해서 발견된 문제점들과 개선사항들을 정리하여 전국 특판업무를 정형화하고 통일시키는 매뉴얼을 작성했다. 사과박스에 관련문서와 양식들을 싸들고 혼자 여관에 들어가서 3~4일간 꼼짝 안 하고 매뉴얼을 써내려갔다. 그렇게 해서 만들어진 것이 "특판업무 매뉴얼"이었다.

직판거래선 상담초기부터 최종 납품 설치확인, 수금종료까지 특판영업 프로세스를 단계별로 통일시켰고 확인점검 양식까지 정형화시켰다.

매뉴얼을 당시 고려인쇄사에서 인쇄하였는데 그때 출판사 담당자가 맨 뒷장에 작성자로 내 개인이름을 넣어 주었다(회사에 업무매뉴얼이 엄청 많은데 개인이름이 들어간 매뉴얼은 없었다).

"특판업무 매뉴얼"은 전국영업소에 배포되었고 지방특판 담당자들의 업무교본이 되었다. 예외사항이 많았고 사고가 많아서 영업본부 최고 골치거리가 직판업무였는데 그 영역의 업무 프로세스를 입사 3년차가 clear시킨 것이다.

그래서 특진을 한 번 하였다. 그 이듬해 특판업무 프로세스를 SDS 협업하에 전산화시켰다. 그래서 또 한 번 특진하였다. 그렇게 사원 시절 특진을 2번 하였고 동기들보다 빨리 과장을 달았다.

영업현장에서 실무를 발끝에서 머리끝까지 전체적으로 디테일하게 몸으로 체득하고 그것을 정형화, 시스템화 시키는 업무방식을 나는 신입사원 때부터 체득하게 되었다.

영웅은 난세에 탄생한다 했던가.

나는 특판사업부를 대표하는 스타가 되었고 전국 특판영업의 표본이 되었다. 전국 지방특판 담당자회의를 한 달에 한번

씩 사원인 내가 주관할 정도였다.

실전영업에 베테랑인 과장님을 만나서 동물적인 영업감각을 배웠고 실무를 체득하고 정형화, 시스템화 시키는 업무방식을 체득하게 된 것이다.

아무것도 모르는 신입사원을 발굴하고 영업세계의 맛을 알게 키워주신 그때 그 과장님을 지금도 만나고 있다(두 달에 한 번 정도 골프를 같이 친다. 그분은 지금 송파구 큰 건물의 건물주가 되었고 같이 운동하는 친구분들도 모두 성공하신 분들이다. 그 Rich 형님들과 같이 운동할 때 무척 행복하다).

그렇게 키워진 특판 영업사원은 본인이 존경하던 직판과장 자리를 이어받아 삼성전자 특판과장이 되었다. 수많은 거래선을 만나고 치열한 경쟁을 하면서 기네스매출을 이어가게 된다(당시의 목표달성률, 성장률은 어마어마했다). 솔직히 직판영업을 했던 시절의 스토리만 책으로 써도 몇 권은 쓸 수 있을 것 같다.

얼마나 많은 우여곡절과 말 못 할 판매story가 있었겠는가?

필사적으로 직판영업한 결과 경쟁사비 당사 납품 성공율은 전체가 100이라면 거의 70~80% 수준까지 올라갔었다. 그 대표적인 사례가 창원소재 대형 조선업체 기네스매출 사례이다.

마산창원 지역은 대표적인 경쟁업체 텃밭이어서 당사가 납품 성공하리라고는 모두가 기대하는 분위기가 아니었다.

필자는 혈혈단신 회사를 대표하는 직판과장이라는 사명감으로 끝까지 거래를 진행시켰다. 구매결정단계 마지막에는 거의 한 달 이상 현지에서 살다시피 하였고 구매부서와 노조를 오가면서 눌러앉아 살다시피 하였다.

결국, 끈질긴 승부근성으로 노조 key man을 내 사람으로 만들었고, 노조 협조하에 사원들이 원하는 제품을 직접 선택할 수 있도록 체육관에 제품실물을 전시하고 구내식당에서 점심 먹고 나오는 길에 선호도를 조사하는 투표 방법을 추진하였다.

노조는 사원들의 복리후생증진 차원에서 생색을 내고 구매부서는 구매예산을 절감하는 효과를 만들고 당사는 기네스매출을 창출하는 일타삼피 효과를 만들어 냈다.

거래 진행과정에서는 철저하게 공적인 관계를 유지하였고 구매부서, 노조 key man들에게는 인간적으로 진정성을 가지고 당사 납품의지를 호소하였다. 당시 조선제조업체 인력 5만 명에 인당 창사선물 예산이 50만 원이었으니 전국 특판수요를 대표하는 초대형 건이었다.

그렇게 나는 신입사원시절 직판영업을 하면서 장사의 재미를 알게 됐다. 특히 직판영업은 상담초기부터 설치 후 수금종료까지 모든 판매프로세스를 담당자 혼자 스스로 책임지고 해낸다는 게 또한 매력이 있었다.

　그리고 무엇보다 중요한 것은 영업의 본질을 알게 되었다는 것이다.

　- 거래선을 파악하고 key man을 상대하는 방법
　- 영업의 본질을 거래선과 공유하는 방법

영업은 일방적인 승리가 아니고 쌍방의 승리여야 한다는 것.
진심으로 구매자를 이해해야 내 목적을 달성할 수 있다는 것.
(이러한 내용들은 2부 소매영업 방법론에서도 그대로 구현된다)

　과장을 빨리 달았으니 부서장인 내가 나이가 제일 어렸다.
　수많은 경력을 가진 영업의 베테랑 형님들을 8~9명 모시고 전국을 상대로 직판영업을 신나게 하고 있던 중에 일본 지역 전문가로 선발되었다는 소식을 듣게 된다.

일본 지역전문가시절 스포츠마케팅을 체험하다

역마살 낀 장돌뱅이 영업활동을 열심히 하고 있는데 갑자기 지역전문가 선발소식은 의외였다. 내가 이런 혜택을 받을 자격이 있는건가, 인사부서에 확인차 문의해보니 맞다고 하면서 며칠 있다가 본부장님 면접에 오라고 하였다.

본부장님이 물어보셨다. "보내주면 갔다 와서 무엇을 하고 싶나?" 나는 직판영업을 제대로 다시 계속해서 하겠다고 대답하였다. 경영지원팀장과 두 분이 웃으시면서 잘 갔다오라고 하였다.

그리고 곧 출국인데 인사부서에서 다시 연락이 왔다.

그룹검정 외국어 자격이 3급이 안되면 지역전문가 자격이 안 된다는 것이다. 당시 특판부서가 있던 순화빌딩 길 건너 본부 인사과로 바로 쫓아갔다. 인사부장과 면담을 했으나 그룹

기준이 그러하니 어쩔 수 없음을 강조하였다.

"그렇다면 그룹 어학자격이 안 되면 선발대상에서부터 배제됐어야지 왜 뽑아놓고 전국에 소문 다 나고 주변정리 다하고 출국 몇 달도 안 남은 시점에서 이러시면 어쩌란 말입니까. 부장님 기회를 주십시오. 내일부터 한 달 안에 그룹자격 3급을 따겠습니다. 한 달 내로 그룹검정 3급을 못 따면 포기하겠습니다."

본부 인사부장님은 의자를 돌리더니 특판사업부 부장님과 한참을 통화하였고 나는 다음날부터 직판과장 업무를 내려놓고 강남역 4거리에 있는 일본어 학원에서 죽어라 일본어 공부에 매달렸다. 집사람에게 들은 얘기인데 그때 자면서 매일 일본어로 잠꼬대를 했다고 하였다.

당시 나는 일본어 4급자격이 있었다. 3급과 4급은 차이가 컸고 삼성 외국어 그룹검정은 지금 수능이나 SAT 보는 것처럼 주말에 학교를 빌려서 전국의 삼성직원들이 같은 날 독해, 듣기시험을 치러야 했다.

출국시간이 얼마 안 남은 시점에 용인에 있는 국경연(국제경영연구소) 연수부를 직접 찾아갔다(물론 그전에 본부 인사부장께서 연수부에 연락을 취해 놓은 상태였다).

나는 국경연 대강당 맨 앞줄에 혼자 앉아서 카세트를 틀어 놓고 일본어 그룹검정 독해, 듣기 평가를 풀었고 커트라인에 겨우 턱걸이해서 3급자격을 취득하였다.

나는 그때 또 한 번 실감했다.

삼성이라는 회사는 도전하면 기회를 반드시 주는 회사이고 그래서 무엇이든 포기해서는 안 되고 안 되면 되게 한다는 정신이 영업에는 꼭 필요하다는 것을 느꼈다(당시 본부 인사부장님은 16년 후에 삼성전자판매 대표가 되었고 나는 CS혁신그룹장으로 다시 만나게 된다).

필자 영업인생을 돌이켜보면 수월하게 뭐가 진행된 것은 드물고 무엇을 하든 최초로 시도하거나 우여곡절이 많은 일들이 많았던 것 같다. 그래서 지금도 "대충"이란 말과 "안 된다" "포기" 이런 말을 들으면 본능적으로 거부반응을 일으킨다.

1997년 봄날에 김포공항 2청사에서 다른 지역전문가들과 함께 일본행 비행기를 타고 가서 지역전문가 생활을 지내고 있는데 대한민국에 IMF 사태가 발생했다.

그해 12월경인가 한 달에 한번 씩 송금되는 생활비가 입금이 안 되어 인사과 담당자에게 연락했더니 회사에 달러($)가 없다고 했다. 나는 이 친구가 어제 숙취가 덜 깬 걸로 생각하고, 집 월세도 내야 하고 학원비도 내야 하니 빨리 생활비를 보내라고 했다.

담당자는 정색을 하더니 다시 단호하게 얘기했다.

지금 IMF라는 것이 발생해서 전세계 각국에 나가 있는 지역전문가 전원 귀국, 해외주재원 50% 복귀명령이 떨어졌다는 것이다. 그러니 빨리 짐 싸서 비행기표 구하는 대로 들어오라고 하였다. 나도 IMF가 뭔지 잘 몰랐다. 지역전문가활동 1년을 몇 달 남겨놓고 바로 들어오라고 하니 황당했다.

다음날 귀국 짐을 다 싸고 공항으로 가려는데 동경본사에서 또 전화가 왔다. 당신은 귀국하지 말고 나가노로 가라는 것이었다. 영문도 모르고 나가노 기차역에 내리니 한 분이 기다리고 있었다.

제일기획 스포츠마케팅 담당부장이었다.

그렇게 98년 1월에 일본 나가노 동계올림픽 스포츠마케팅 T/F가 꾸려졌다(선대회장님께서 96년 IOC위원으로 선출된 이후 삼성이 올림픽 공식스폰서가 되어 처음으로 진행하는 스포츠마케팅이 나가노 동계올림픽이었다).

T/F는 제일기획 스포츠마케팅팀, 삼성전자 홍보팀, 동경본사 기획팀 그리고 지역전문가 2명으로 구성되었고 후일 제일기획 대표까지 역임하신 김낙회 이사가 당시 TF팀장이었다.

나가노 시내에 조그만 사무실을 마련했고 당시 윤종용 부회장, 이승엽 선수가 성화봉송을 하면서 올림픽 분위기를 띄웠다. 나는 대회기간 동안 각종 행사 및 이벤트 현장지원, 숙소 운영 등 TF가 운영되기 위한 기본적인 시다바리를 다 하였다. 일본에서도 꽤 춥고 조그만 도시 나가노 시내를 그때 무척이나 헤집고 돌아 다녔다.

직판 장돌뱅이 영업생활로 국내 각계각층 여러 거래선들을 만나 장사만 하고 다녔었는데, 짧은 기간이지만 나가노 스포츠마케팅 T/F활동 경험은 나에게 무척 많은 인사이트를 남겼다.

처음 해보는 스포츠마케팅의 각종 이벤트, 열악한 환경에서 효율적으로 일하는 방법, 순간적인 판단과 의사결정, 업무추진 speed, 결과창출, 무에서 유를 만들어내는 진행력 등 참으로 다각적인 일하는 방법을 체험하고 배웠다(당시 일본의 제일기획 같은 유능한 현지 광고판촉 회사와 협업으로 각종 행사와 이벤트를 진행하였다).

나가노 시내 택시 top광고, 버스 전체 랩핑광고, 국내외 VIP 바이어 초청행사, 국내 스포츠신문 연계 대학생리포터 운영, 메달 획득 선수 삼성폰으로 부모와 통화이벤트 등 당시로서는 처음 시도하는 창의적인 브랜드 이미지 광고판촉 이벤트를 다양하게 진행하였다.

　TF멤버들은 일당백이었다. 존경스러울 정도로 일을 잘하였다. 매일 저녁 일본 시행업체와 둘러앉아 당일 모든 추진내용을 분석하였고 익일 스케줄을 빈틈없이 check하고 모의하였다.

　정말 치밀하고 완벽했다. 외국에서의 국제적 행사에서 조그마한 사고도 그룹 전체 이미지에 치명적이기에 더욱 완벽하게 발생가능한 예외사항을 check하고 plan B를 준비하였다(중동권 VIP바이어 초청행사 시 동행했던 VIP 부인이 저녁에 배탈이 나서 병원까지 급히 데려다 준 일이 있었는데 그것도 예외사항 준비내용 중 하나였다).

　경기장 근처에 대형천막을 설치하여 고급스러운 라운지를 만들었고 저녁마다 케이터링 서비스를 하였다. IOC위원, 올림픽 출전선수, 조직위 관계자들, 국내의 VIP들이 자연스럽게 모여서 소통도 하고 가볍게 한잔하면서 식사를 하였다.
　하루는 나도 라운지에서 저녁을 해결하고 있는데 옆 테이블에 귀티나는 분과 눈이 마주쳤다. 후안 안토니오 사마란치 IOC위원장이었다(1981년 IOC총회에서 88년 올림픽 개최지 "쎄울"을 외쳐 주었던 분이다).

전혀 모르는 동양의 한 청년과 눈이 마주쳤는데 정말 온화한 미소를 지으면서 고개를 끄덕여 주었다. 뭔지 모르지만 순간적으로 소름이 돋았다. 고인이 된 그분의 미소가 지금도 생생하다.

나만 그런 경험을 하는지 모르겠지만 사람의 인연은 정말 모질고 질긴 것 같다. 지역 전문가로 동경에 가서 숙소를 얻고 저녁마다 밥하기 싫어서 동네 어귀에 있는 선술집(이쟈까야)에서 거의 매일 한잔하면서 저녁을 해결하였었다.

"스케로꾸助六"라는 이쟈까야인데 그 동네 독신자들은 거의 매일 저녁에 그곳에 모였다. 그중에 젊은 청년이 한 명 있었는데 오오이시大石라는 대학원생이었다. 시골에서 동경으로 유학 와서 사범대공부를 하였는데 나중에 고향에서 초등학교 선생이 되었다. 나는 그 친구와 거의 매일 같이 저녁을 먹었고 술을 마셨다. 일본 지역전문가 중에서도 꽤 일본어를 유창하게 할 수 있었던 이유가 그 친구 영향이 컸다.

나는 그를 오 선생이라고 불렀다. 오 선생의 고향이 나가노 근처에 있는 시골이었고 오 선생의 작은 아버지가 나가노 시내에서 사진관을 하고 있었는데 일본 지방여행 다닐 때 셋이 같이 다니면서 한 방을 쓸 정도로 친하게 지냈었다.

그런데 동계올림픽이 우연찮게 나가노에서 열리게 되었고 올림픽 기간 동안 대학생 리포터들을 싣고 다니는 행사차량 운전을 그분에게 부탁하게 된 것이다. 인연이 그렇게 이어지는 것을 보면 참 아이러니다. 그러한 지역전문가 인연들, IMF 발생, 나가노 동계올림픽 TF활동으로 이어졌던 현상들은 지금 생각해도 쉽지 않은 우연들의 연속이었다.

그렇게 동계올림픽이 끝나갈 때쯤 마지막 초청행사로 국내 VIP(우수대리점 사장) 초청행사가 진행되었고 국내영업 본부장께서 대리점 사장들을 이끌고 나가노에 들어오셨다.
IMF 발생 이후 국내영업조직도 변화가 있었고 내가 지역전문가로 와 있는 사이 새로 부임하신 본부장님은 초면이어서 잘 보일 수 있는 절호의 찬스였다.

쇼트트랙 경기관람, 석식파티, 나가노 사무실 방문 브리핑 등 나름대로 일정을 잘 준비하였고 도착 당일 저녁에 숙소 근처 온천에 모시고 가서 그때까지는 참 분위기 좋았다.

그런데 다음날 숙소에서 나가노 시내로 나가는 길에서부터 일이 꼬이기 시작했다. 내가 운전을 하고 가는데 고속도로 진입로를 놓쳐버린 것이다(일본은 길이 반대방향이라 항상 혼란스럽다). 차에는 본부장님, 전자 홍보팀 부장, 동경본사 차장 총4명이 동승했었다.

고속도로 진입로를 놓치고 나가노 시내 사무실까지 국도를 타고 가는데 그 시골도시에 올림픽행사가 열렸던지라 길은 막히고 시간은 경과되고 정말 미치고 환장할 지경이었다.

간신히 나가노 시내에 도착하였는데 점심식사를 예약해 놨던 소바집은 벌써 사람들로 바글거리고 앉을 데도 없었다. 근처 밥먹을 식당을 찾다가 겨우 허름한 라멘집에서 4명이 다들 서서 식사를 하게 되었다.

라멘이 코로 들어가는지 눈으로 들어가는지 모를 지경이었다. 국내 영업본부 제일 높으신 분을 모시고 이국만리 나가노에서 스탠딩 라멘이라니 지금 생각해도 그런 참변이 없었다.

평생 흘릴 식은땀을 그날 다 흘려서인지 그날 이후 나는 식은땀을 거의 흘리지 않는다.

가끔 98년 2월 지역전문가 시절 나가노 동계올림픽을 반추해 본다. 처음 경험하고 체험했던 국제 스포츠마케팅 행사.

무에서 유를 창조하는 전문가집단 TF조직의 일하는 방법을 리얼하게 배웠고 당시 습득한 창조적인 일하는 방법과 중급 수준 일본어는 이후 나의 영업인생에 지대한 영향을 끼치게 된다.

　그리고 사마란치 위원장의 온화한 미소와 본부장님의 얼굴이 묘하게 cross 된다(당시 본부장님께는 지금도 죄송한 마음을 가지고 있다).

　찬란했던 30대 중반의 일본 지역전문가 생활은 필자 영업인생에 있어서 한 단계 성장할 수 있는 빛나던 한 page였다(일본어를 개인지도 해주었던 오 선생은 이후에 한국을 몇 번 방문하여 집에서 자고 갔고 내가 일본출장을 갈 때마다 스케로쿠에서 가끔 만나서 사케를 기울이곤 하였다).

IMF 시절의
PC 전략영업부

98년 2월에 동계올림픽이 끝나서 TF도 정리되었고 나는 귀국하였다. 당시 짧은 기간에 국내영업 조직에도 많은 변화가 있었다. 삼성에도 처음으로 명예퇴직이 시행되어 많은 선배들이 회사를 나가게 되었고 조직은 통폐합되었다.

86년 아시안게임, 88년 올림픽을 거치면서 지속 성장하고 확장 일변도였던 국내영업 조직도 버블경제가 무너지면서 축소되고 통폐합 된 것이다. 평생직장이란 개념과 현상들이 무너져 내린 것이다. 존경하고 따랐던 선배, 상사들의 명퇴를 보면서 나의 멘탈도 서서히 무너지기 시작했다.

귀국 후 배치받은 PC전략영업부에서 교육기관(대학교 행망PC) 영업을 담당하던 중 어느 벤처업체를 contact하게 되었다.
컴퓨터 CPU에 벤쳐업체가 개발한 모듈을 심어서 PC user

와 양방향 커뮤니케이션을 할 수 있게 하는 당시에는 획기적 개념의 솔루션이었다.

모니터 하단에 광고배너 줄을 활성화시켜 user가 컴퓨터 사용 시 광고를 의무적으로 봐야 하는, 불편함을 다소 감수하는 대신 컴퓨터를 공짜로 주는 소위 "공짜PC"를 만든 것이다(광고 수익을 전제로 하는 사업이었음).

"AD PC"(광고 PC)라고 상품명을 정하고 이를 판매성공시키기 위해 동분서주하였다. 수원공장 제조사업부와 AS부문은 극도로 완벽을 추구한다. 만에 하나 생길 수 있는 사후 AS사항이나 오류의 가능성은 절대 용납하지 않는다.

삼성컴퓨터 CPU에 외부업체가 개발한 모듈을 심는다는 건 당시로서는 감히 상상도 할 수 없는 일이었다. 그러나 "안 되면 되게 하라" 정신으로 또 될 때까지 밀어 부쳤다.

당시 PC전략영업부 부장과 나는 하루가 멀다 하고 벤처업체와 PC 제조사업부를 들락거리면서 결국 "AD PC" 샘플 시판용 3천 대를 생산해 내고야 말았다(소프트웨어 충돌로 발생가능한 AS 대응방안까지 전국 AS센터에 배포시킨 상태에서 AD PC를 생산했다).

그리고 "삼성 컴퓨터 공짜PC"를 국내 최초로 홈쇼핑을 통해서 판매하였고 3천 대가 순식간에 완판되었다. 모두가 어려운 IMF 시절에 대단한 성공케이스를 만든 것이고 지속적인 확판 가능성에 벤처업체와 우리는 쾌재를 불렀다.

회사는 본격적으로 2차물량 생산 및 온라인을 통한 지속적인 확판을 준비하였고 벤처업체는 양방향 솔루션을 활용한 광고수익, 설문조사 및 앙케이트사업 다각화에 몰두하고 있었는데 갑자기 비보가 날아 들었다.

오프라인 판매를 하고 있는 PC전문점 사장들이 들고 일어난 것이다. 본사에서 공짜PC를 만들어 온라인을 통해 팔아제끼면 회사 믿고 생계를 걸고 장사하고 있는 대리점들은 다 죽으라는 얘기인가.

대리점 협의체의 강력한 반발에 추가생산은 취소되고 AD PC는 그대로 사장되고 말았다. 벤처업체 사장과 나는 테헤란로 어느 뒷골목에서 인생에서 제일 쓴 소주를 마셔야만 했다.

IMF 시절의 영업은 정말 힘들었다.

당시 본부장님은 시황돌파를 위해 톰 행크스가 최악의 상황에서 무인도를 탈출하는 영화 "캐스트 어웨이"를 전영업사원들에게 관람시키고 독후감을 써내라 하였다(아무리 어려워도 돌파구를 찾아야 한다는 정신교육 차원이었다).

모든 경제활동이 최악이었고 실낱 같은 가능성을 가진 벤처 업체들만 투자를 받고자 나름의 사업 idea를 가지고 테헤란로에 우글거렸던 시절이었다.

지역전문가파견 이전에 전국 특판영업을 홍길동처럼 하고 다녔던, 영업에 미쳤던 직판과장도 슬슬 동력을 잃어가고 있었다.

그러던 중 어느날 부서회의 중에 몇 년간 쌓였던 무력감과 울분과 서러움이 한꺼번에 폭발하였고 급기야 회의실을 박차고 나오게 되었다. 입사 13년 만에 처음으로 사표를 썼다.

눈물을 삼키며 사표를 작성하고 있는데 영업의 운명은 내 손을 놓지 않았다. 그 순간에 신입사원 시절 내 손을 잡고 특판사업부에 데려다 주었던 인사과 선배가 생각이 났다. 전화를 하였다. 리빙프라자(현재 삼성전자판매) 인사부장을 하고 있었다.

결국 PC 전략영업부 부장은 내 사표를 수리했고 또 내 손을 붙잡고 리빙프라자 대표실에 같이 가서 당시 대표님께 인사를 시켰다.

2001년 11월 리빙프라자로 재입사하였고 파란만장했던 삼성전자 13년 직판영업이 마감됨과 동시에 향후 20년간의 소매영업 인생이 시작되었다.

일본 전문유통에서
소매영업을 배우다

리빙프라자 마케팅팀 TV담당PM으로 소매영업을 시작하였다.

당시 염창동 본사사옥 마케팅팀 한쪽 벽에는 "일조합시다"라는 현수막이 크게 붙어 있었다.

당시 삼성전자 직영매장 리빙프라자(이후에 "디지털프라자"로 바뀌었고 현재는 "삼성스토어"라고 칭함) 매장은 전국에 100개가 안 되었고 전사매출이 1조가 안 되었던 시절이었다.

그래서 전사매출 1조1兆를 만드는 데 다들 일조—助하자는 의미였다. 몇 달 후 이듬해 연초에 새로운 대표님이 오셨다.

덩치도 크고 추진력이 대단하신 분이었다. 먼저 회사를 회사답게 만들기 위해 스텝조직에 내실을 기하고 전국적으로 신설매장을 본격적으로 출점하기 시작했다.

나는 전자에서 법인, 사업자 상대로 직판, 도매영업만 하다가 품목단위의 MD업무를 배우면서 매장 소매영업 skill을 공부하기 시작했다.

　그러던 중 대표와 일본출장을 같이 가게 되었다.

　본격적인 국내 가전소매영업의 틀을 잡기 위해 국내영업 본부장(나가노 스탠딩라멘의 주인공)의 명을 받고 세계최고의 가전유통을 찾아 소매영업 노하우를 배우기 위하여 찾아간 회사가 일본의 히로시마에 본사를 둔 데오데오Deo Deo라는 가전전문유통회사였다.

[일본 가전유통 "데오데오"]

창사명은 다이이찌(제일가전.주)였으나 글로벌화를 위해 사명을 데오데오(DEO DEO)로 개명하였음.

본거지 히로시마를 중심으로 점포사세를 전국으로 확장하였으며 현재는 에디온그룹을 만들어 관련 유통회사를 통합하고 지주사 역할을 하고 있음. 현재 ㈜에디온은 오사카에 본사를 두고 일본 전국에 직영점 450점, 프렌차이즈점 758점으로 총1,208점을 운영하고 있음.

　당사 연수 당시 일본 가전유통은
　- 전문유통업태(데오데오.베스트전기 등)
　- 할인점업태(야마다.고지마 등)

- 카메라업태(요도바시, 빅카메라 등)로 분류되었는데

우리가 연수대상으로 선정한 데오데오는 체계적인 고객관리, 상권관리를 전문적으로 하는 전문유통업태를 대표하는 일본 최고의 전문 가전유통회사였다.

리빙프라자 대표와 처음 마주한 데오데오 히로시마 본사 영업총괄 본부장은 정말 위세가 대단하였다.

키는 160cm 정도 단신이나 시커멓고 탄탄한 생김새는 마치 영화에 나오는 쇼군(장수) 같았고, 강철같이 굵은 목소리는 회의실을 압도하였다.

결코 밀리지 않는 풍채의 우리 대표님과 대단히 생산적인 첫 회의가 성공리에 마무리되었다.

그해 일본출장을 기점으로 데오데오와 당사의 교류는 급물살을 탔다. 데오데오에서 가전소매영업 산전수전 공중전까지 통달한 소매영업 경력 30년 이상의 베테랑 SV(슈퍼바이저) 두 분이 국내에 상주를 시작하였고 리빙프라자 우수지점장 대상으로 데오데오 연 1회 현지연수가 시작되었다.

나는 PM업무를 하면서 데오데오 고문수행과 우수지점장 일본유통연수 업무를 총괄하게 되었다. 일본 고문들은 정말 가전소매영업의 달인들이었다. 본인들 말로는 매장입구에서 냄새만 맡아도 그 매장의 문제가 무엇이고 한 달 매출이 얼마인 줄 안다고 했다.

물론 과장된 얘기지만 그만큼 가전 소매영업에 있어서는 통달하고 있다는 얘기였다.

전자주재 고문은 개인대리점을 다니면서 코칭을 하였고 리빙주재 고문은 리빙프라자 직영점을 다니면서 코칭을 하기 시작했다.

처음에는 국내시장을 이해하기 전까지 이분들도 힘들었다. 왜냐하면 일본 가전유통은 all brand를 취급하는 양판점 구조이나 당사는 독과점 자사 one brand 매장이기 때문이다.

일본은 유통이 maker를 지배하나 국내는 maker가 유통을 만들어 버렸다. 상품매입을 주도적으로 할 수 없고 만들어진 제품을 그냥 많이 팔아야 했다.

일본은 제조사 메이커가 신상품을 출시하면 maker 담당자가 밤을 새고 기다리고 있다가 자사 제품을 좋은 자리에 먼저 진열하기 위해서 데오데오 지점장을 찾아와 사정을 해야 했다.

국내는 전혀 상황이 달랐다. 세계에서 유일무이한 국내가전 유통구조의 특성을 이해시키고 고문들의 현장지도력을 향상시키기 위해 나는 그들과 친해지기 위한 방법으로 고문들에게 한글을 가르치기 시작했다.

일주일에 두세 번 고문들 숙소(공덕동 아파트)에 두 분을 앉혀놓고 한글교본 기초부터 공부를 시켰다. 그리고 거의 매일 저녁 술과 식사를 함께했다. 그러면서 고문들과 나는 한 몸처럼 일체가 되어갔다.

전국순회 매장방문 현장코칭, 매월 지사별 지점장회의 특강, 본·지사 스탭회의 참석 관련업무 코칭, 주 1~2회 대표보고 및 식사동행 등 눈코 뜰 새 없이 고문수행 활동을 이어갔다.

그리고 드디어 일본 선진유통 지점장 1차연수가 시작됐다.

전국 우수지점장 선발, 핵심 스탭요원 2~3명 등 총20명 규모의 연수단을 선발하여 히로시마 데오데오 본사에서 4주간의 연수를 시작하였다.

1주차: 본사 상도(商道) 연수소 집합교육(이론강의)

2주차: 우수판매점 현장실습(각점에 지점장 3~4명씩 배치)

3주차: 고객집 배달, 설치, AS현장 동행실습

4주차: 학습내용 정리 및 향후 개선 추진사항 토의

그리고 주말 휴일에는 일본 내 타유 통 견학 및 유명관광지 방문 등 나는 고문들과 함께 연수단의 입과 귀가 되어 4주간의 전체 연수과정을 진행하고 총괄하였다.

연수 첫주 데오데오 상도商道 연수소 집합교육은 우리들 모두에게 정말 기대감과 호기심의 대상이었다. 소매영업의 모든 문제를 한 방에 해결해 주는 판도라 상자가 열리는 줄 알았다.

데오데오측에서도 삼성전자 및 삼성그룹과의 우호적인 유대관계를 통하여 향후 장기적으로 한국시장 진출을 위한 교두보 마련 차원에서 모든 연수과정에 최고의 커리큘럼과 최상의 강사진을 수개월 전부터 철저하게 준비를 하고 있었다.

집합교육의 커리큘럼에 참여하는 강사진은 판매현장과 스탭경력을 섭렵한 차, 부장급 고참 실력가들로 구성하였고 일본 전국 최고 실적의 기네스 판매사원들이 초빙되어 우리 지점장들과 질의응답을 하였다.

나는 집합교육 한주간 전체 통역을 하면서 한 글자도 틀리지 않고 빠짐없이 강의내용을 전달해야 했고 지점장들의 질문의 요지를 제대로 전달하고 답변들을 해석하여 공유시키기 위해 수업이 끝날 때까지 온 말초신경이 곤두서 있어야 했다.
일과를 마치고 숙소에 돌아오면 탈진상태로 그대로 쓰러져 잠이 들 정도였다.

그렇게 집합교육 첫 주가 끝나면 2주차부터는 우수점 판매 현장 실습이 이어졌고 나는 실습매장을 돌아다니면서 데오데오 지점장과 우리 실습 지점장들 간의 미팅시간을 질의응답으로 진행하고 통역을 하였다.

우리 지점장들도 나름 장사에 일가견이 있는 우수점장들이라 현장이해도가 빨랐고 매장진열, 연출 및 판매사원들의 움직임만 보고도 본인들의 배울 점을 찾고 인사이트를 감지하였다.

그리고 1차연수 일정에는 당시 대표님도 직접 참석하여 첫 주차 집합 교육과정을 같이 수강하였다. 누구보다 열심히 청강하고 노트에 기록을 하였다.

3주차 고객집 배달설치, as실습까지 연수를 진행하고 마지막 4주차 연수과정 정리의 시간이 되었다. 우리는 무엇을 배우고 무엇을 느꼈는가. 이제 돌아가서 할 일은 무엇인가.

연수지점장들은 며칠간 열띤 토론을 통하여 각자 보고 배운 점과 앞으로 개선활동 계획 등을 작성하였고 그것들을 모아서 한 권의 책으로 만들었다. 우리는 사전에 각자의 연구테마를 선정하였고 그 분야에 특화하여 질문하고 공부를 하였다.

1차연수 기간 동안 감사하게도 우리는 아무 사고 없이 무사히 많은 것을 배우고 공부하고 느낀 후에 귀국하여 해단식을 가지고 각자의 매장으로 돌아갔다.

　그렇게 나는 1차, 2차, 3차 연수까지 전체 연수과정을 총괄하고 진행하였다. 2차연수부터는 삼성전자 대리점영업 담당들도 동행하게 되어 40명 내외 연수인원들이 같이 공부하였고 돌아와서 대리점 코칭에 활용을 하였다.
　이후에도 데오데오 지점장 연수는 몇 차례 더 이어졌고 리빙프라자 소매체질은 갈수록 탄탄해져 갔다.

　일본 고문들도 상주를 계속하면서 판매현장 코칭활동을 지속하였고 그중에 몇 분은 바뀌면서 인수인계가 되었다.
　고문활동과 지점장 연수가 진행되는 동안 전자 본부장님과 당사 대표님, 그리고 데오데오 회장, 임원진들은 한국과 일본을 오가면서 연 1회 별도의 친선미팅을 진행하였다.

　1차연수를 마치고 귀국한 며칠 후에 대표께서 호출을 하셨다. 신설점을 한 개 직접 오픈하여 일본고문과 함께 데오데오 샘플점으로 운영을 하라는 특명을 내렸다.
　염창동 본사에서 제일 가까운 목동사거리에 있는 설렁탕집을 임차하여 때려 부수고 한 달 만에 리빙프라자 복층매장을 오픈시켰다.

그렇게 국내 최초로 복층매장 목동점을 오픈하게 되었고 나는 처음으로 소매 가전유통 매장의 지점장이 되었다.

일본 고문도 매장에 같이 상주하면서 매일 아침 조회부터 퇴근 시까지 일과를 같이하였다(당시 목동점은 서비스센터가 없는 일반점 매출 월 5억 달성으로 기대 이상의 판매실적을 만들었다).

그리고 1차연수를 다녀온 전국의 지점장들이 한 달에 한 번씩 목동점에 모여서 대표와 같이 업무개선 회의를 하였다. 지점장들은 각자의 개선 추진사항을 보고 및 공유하였고 데오데오 샘플점 목동점의 운영사례를 전국에 확대전파하였다.

당시 전국매장에 전파되었던 목동점 실천사례 중 대표적인 내용이 "5클린운동" 내용이다.

[목동점 5 clean 운동]

1. 일일 목표진량 clean: 일 목표 필달성하고 넘어가기

2. 외상채권 clean: 100% 선수금판매 정착

3. 부진, 악성재고 clean: 품목별 담당자 운영

4. VOC, Claim clean: cs 마인드교육 철저시행

5. 매장 clean(진열, 연출, 청소상태): 최상의 매장상태 유지

그렇게 데오데오 샘플점 지점장을 하면서 목표와의 전쟁을 6개월 정도 하고 있는데 또 갑자기 대표께서 호출을 하였다.

본사 마케팅팀에 판촉그룹을 신설하는데 초대 그룹장을 해 보라고 하였다.

당시 대표님은 전사 신규매장 오픈점 확대를 불도저처럼 밀어부치면서 소매점포 오퍼레이팅 개선 및 표준화작업을 speed 있게 추진하였다. 그 과정에서 신설된 판촉그룹은 소매영업매장 오퍼레이팅 기본적인 틀을 하나씩 만들어 나갔으며 나와 일본고문은 당시에 정말 무슨 머슴처럼 일을 했던 것 같다.

리빙 프라자 4/4분기 Work Shop 2004년 10월 4일 (안면도)

리빙 프라자 분기 전략대회 워크숍을 마치고(둘째 줄 오른쪽에서 네 번째가 필자)

초대 판촉그룹장,
최초 업무매뉴얼 제작

마케팅팀 내에 신설된 판촉그룹에는 인력이 20명 가까이 배치되었다. 판촉, 디자인(GD, ID), CRM(고객관리), VOC업무를 포함하고 일본고문 수행 현장코칭 업무까지 담당하였다.

수도권은 물론이고 지방지사까지 신설매장을 우후죽순처럼 오픈시켰던 시절에 신설점 진열, 연출과 오픈판촉진행, 사원들 매장operating 교육업무까지 일본고문을 수행하면서 미친 듯이 업무를 진행하고 다녔다(신설점 SIP, 내부 레이아웃, 진열연출콘셉트, 가격표/POP 도입, 오픈판촉행사 진행 등 "신설점포운영 표준화작업"이 매우 중요했던 시기였음).

그러던 어느날 또 대표께서 호출을 하였다.
현재까지 진행된 데오데오관련 매장운영 노하우를 집대성하여 표준 업무매뉴얼을 제작하고 빠른 시간 내 전국의 지점장을 교육하라는 명을 받았다.

각 업무파트별로 대표선수들을 차출하여 7~8명이 수원 CS 아카데미(삼성전자 연수소)로 합숙을 들어갔다.

합숙 들어가기 전에 각 매뉴얼 chapter별로 목차를 구성하고 어떤 내용으로 매뉴얼을 작성할 것인지 매뉴얼 제작방향을 사전에 대표에게 컨펌을 받았다.

그렇게 매뉴얼작성 작업은 일사천리로 진행되었고 최종편집과 내용수정을 한 후에 삼판(삼성전자판매) 최초 업무매뉴얼 "점두경쟁력 강화 매뉴얼"이 탄생되었다(마지막 부분 "진단과 처방전"이라는 챕터는 신규로 직접 작성하였고 전반적인 매뉴얼내용에 그간의 데오데오 학습내용을 거의 녹여서 집어넣었다).

그리고 제작된 매뉴얼 내용을 최단기간에 전국 지점장들에게 주입교육을 시켜야 했다.

중부지방 소재 리조트를 1박 2일 통째로 빌려서 전국 지점장들을 그곳으로 집합시켰다(들어오기 전에 교육입과 시험을 test하는데 일정점수 이하 지점장은 보직을 박탈한다고 소문을 냈다).

지점장들은 광적으로 매뉴얼을 숙지했다. 시험문제를 출제하러 연수소에 들어가 있는데 전국에서 지점장들로부터 전화가 빗발쳤다. 시험은 A, B, C 세 가지 유형으로 출제했고 옆 사람을 컨닝해도 답이 틀리게 입과test를 진행하였다.

입과test를 진행한 후에 1박2일 동안 지점장들을 반편성하여 각각의 강의실에 분산시켜 놓고 각 챕터별 매뉴얼 작성자들이 강의실을 돌아다니면서 밤늦게까지 직접 교육시켰다(나는 진단과 처방에 대해 강의를 하였다).

그리고 둘째날 늦은 오후 교육수료 시에 수료test를 시행하였다. 입과test에 비해 다들 놀랄만큼 수료test 점수가 급향상되었다.

그렇게 초고강도로 전국지점장 대상 업무매뉴얼 단기집중

CS혁신그룹 사원들 일본고문과 함께

교육을 시행하였고 리빙프라자 지점장들의 소매영업 기본소양 수준은 한 차원 점프업이 되었다.

대표님도 대단히 만족하였고 일본고문들도 리빙프라자 업무추진 speed에 혀를 내둘렀다.

판촉그룹장 시절 회사가 제일 신경썼던 사항은 매장의 진열연출, 코너구성, 내부 layout 같은 매장 만들기 기법이었다(신설오픈매장들이 워낙 많아 진열, 연출콘셉트 잡기가 최대고민이었다).

"pop스테이션"도 그때 만들어졌고 컬러복합기를 리스하여 매장에서 가격표를 비롯한 컬러 연출물을 직접 프린트하기 시작한 것도 그때부터였다. 데오데오 진열, 연출에서 많이 배워왔으나 제품군, 모델군들이 워낙 차이가 많이 났다. 당시 일본에서는 TV maker만 10개가 넘었고 가전소물, software까지 어마어마한 제품군들이 500~1000평 규모의 매장에 진열, 연출되어 있었다.

당사는 우후죽순 신설점 open이 많았으나 매장평수가 평균 100평 내외였고 커봐야 200평 이내였다.

그때는 그 평수의 매장에 얼마 안 되는 제품과 모델들을 가지고 진열을 어떻게 하면 풍성하게 보이게 하고 연출을 보기 좋게 잘 할 것인지가 최대고민이었다.

매장을 방문하는 대표나 임원들마다 진열변경을 지시하였고 매장사원들은 하루가 멀다 하고 야근을 하며 진열, 연출을 변경하였다. 가두리 진열부터 U자형 진열, 방사형, 미로형, 나중에는 공중부양 진열까지 거론될 정도로 1년에 2회 정도 대대적으로 전국매장 진열변경을 진행하기도 하였다.

대표방문은 물론이고 스탭임원들, 지사장들이 매장에 갈 때마다 진열, 연출관련 지적사항이 있었고 사원들은 변경에 변경을 거듭했다.

지금 생각하면 그 좁았던 매장에 얼마 되지도 않은 제품군으로 무어 그리 진열에 매달렸나 싶기도 하다.

물론 진열, 연출 기법은 매장운영에 있어서 매우 중요한 요소이다.

그러나 정작 답은 "고객의 눈"에 있다는 것을 다들 간과했다. 제품을 사는 입장이 아니라 파는 입장에서만 엄청나게 고민하고 변경하느라 고생들을 했던 것이다.

그래서 나는 전사매장 진열, 연출을 책임지는 부서장이었지만 전국의 매장방문 시에 일본고문과 나의 의견만 지점장에게 개인적으로 전달하고 사원들과 상의하여 고객의 반응을 봐가면서 진열변경 여부를 판단해 보라고 하고 이래라 저래라 진열변경 지시는 하지 않았다.

진열, 연출의 정답은 파는 자가 아니라 사는 자의 관점이라는 사실을 알고 있었고 진열은 스스로 진화해야 한다는 것을 느끼고 있었다. 그리고 그룹장까지 진열변경을 지시하고 다녔다면 현장사원들은 정말 미쳐 돌아 버렸을 것이다.

그렇지만 그러한 고생의 과정들이 밑거름이 되었기에 오늘날의 훌륭한 매장과 살아 숨쉬는 체험, 실연매장이 만들어졌다고 확신한다. 여러 임원진들과 사원들의 부단한 노력으로 리빙프라자는 삼성 디지털프라자로 진화되었고 현재는 자타공인 세계 최고수준 매장을 보유한 "삼성스토어"로 진화되었다고 확신한다.

소형점부터 대형점까지 지점장 역할수행

　판촉그룹장 역할 2년이 거의 다 되어갈 때쯤 데오데오 연수도 3차까지 진행되어 50명 이상 연수 지점장들을 배출하였고 매장관리 수준도 향상되었으며, 전사적으로 매장 진열, 연출도 어느정도 틀을 잡아갔다. 그리고 대표가 바뀌면서 희망했던 서울지사 지점장으로 발령을 받았다.

　필자가 지점장역할을 수행했던 매장은 7개였는데 기억나는 몇 가지만 간략하게 소개하고자 한다.

목동점: 눈물의 불어터진 컵라면

　앞에서 잠깐 언급하였지만 목동점은 당시 데오데오 샘플점으로 운영되었고 필자가 처음으로 지점장 역할을 수행하였던 매장이다.

　초대 일본고문(우에다 과장)도 매장에 상주하며 6개월 정도 장사를 같이하면서 고생을 많이 하였던 기억이 있다.

전국의 데오데오 1차연수 지점장들이 한 달에 한 번씩 목동점에 모여서 대표주관으로 개선활동 추진현황 회의를 하였고 목동점의 점운영 오퍼레이팅 내용이 전국 매장으로 확산되었던 시절이었다.

　목동점은 당시 염창동 본사와 제일 가까워서 대표가 수시로 불시방문하였다. 하루는 2층 TV코너에서 점심도 못 먹고 장장 2시간에 걸쳐서 입에서 단내가 나도록 상담하여 50인치 프로젝션TV를 판매성공하고 배고파서 3층 창고에서 컵라면에 막 물을 부었는데 1층에 대표가 방문하였다.

　뛰어내려가서 인사를 하였는데 "지점장이 왜 점두에 위치하지 않고 창고나 점장실에 쳐박혀 있냐. 이래가지고 전국 표본의 지점이 되겠냐"고 깨지기 시작하여 30분간을 매장 앞 길바닥에서 질타를 당하였다.
　대표가 다음 방문점으로 이동하신 후에 창고로 올라가 불어 터진 컵라면을 먹는데 지금 생각해도 눈물이 나도록 서러웠던 기억이다.

　목동점 시절의 6개월은 지점장으로서 소매영업을 처음 하면서 많은 것을 배웠고, 최초로 시도하였고, 전국적으로 관심을 받으면서 맘고생을 지지리도 많이 하였던 기억이 있다(우에

다 고문도 덩달아 정말 고생이 심했었다).

문래점: 풍수지리의 추억

문래점은 참 어려운 상권이었고 여의도 L사 트윈빌딩에 근무하는 임직원들이 많이 사는 아파트가 근처에 있어서인지 삼성매장 장사가 참 어려웠다. 그리고 매장이 도로에서 안으로 쑥 들어가 있는 구조라서 매장 전면노출도가 많이 떨어졌다. 오픈할 때부터 무척이나 고생했던 기억이 난다.

당시 대표님과 경영진은 풍수지리에 심취해 있었다.

유명한 풍수하시는 분이 신설매장이나 장사가 어려운 매장에 수맥탐지기를 들고 다니면서 매장입구와 캐셔의 위치를 자문해주고 다녔다.

문래점도 오픈하기 전에 진열도면을 최종적으로 그분께 컨펌을 받아야 했다. 오픈하기 며칠 전에 그분이 오셔서 매장위치와 매장내부를 둘러보더니 몇 가지 자문을 하였다.

매장정면 앞에 있는 아파트가 기가 너무 세서 매장이 도로에서 조금 뒤로 들어와 있는 것은 좋은 현상이나 너무 센 기운이 매장으로 못 들어오게 국화꽃을 매장 앞에 심으라고 했고, 두 번째는 매장 바로 옆 건물이 문래동의 유명한 불가마 사 우나였는데 뜨거운 기운과 전자제품의 차가운 기운이 만나면 안 좋으니 불가마와 매장 사이 조경zone에 무슨 나무를 세 그루 정도 심으라고 했다.

지금 생각하면 이런 것들이 참으로 황당한 일들이지만 그렇게 해야 장사에 도움이 된다고 하니 시키는 대로 실천하였다.

국화는 가을에 피는데 문래점 오픈시기는 겨울이라 남대문시장에 가서 국화 조화화분을 수십 개 사와서 매장 전면에 쪼르륵 늘어놓았고, 불가마와 매장 사이 공간에는 그 나무(이름은 기억이 안남)를 어렵게 구해 와서 심었다. 캐셔 자리도 지정해준 자리에 배치하고 장사를 시작하였다.

그렇게 오픈한 문래점은 1년 가까이 직원들과 참 고생 많이 하였다. 그때 같이 고생했던 직원들은 지금도 거의 다 현직에 있고 훌륭하게 성장하여 각자의 위치에서 역할을 잘하고 있다.

문래점 매출은 필자가 지점장 역할을 수행했던 7개 매장 중 월매출이 제일 적었고 일내방 객수도 제일 적었다.

그래도 문래점에서의 판매경험은 향후 일반소형점 매장관리 틀을 잡는 데 많은 도움이 되었다.

문래점을 1년쯤 운영하고 있을 때 지점장 "비전스쿨"에 입소하게 되었다. 비전스쿨은 처음에는 실적이 저조한 지점장들을 정신교육시키는 과정이었으나 나중에는 거의 전 지점장들이 차수별로 비전스쿨을 다녀왔다. 한겨울에 원주에 있는 가나안 농군학교로 입소하였다. 그때 겪었던 원주 산악지형의 한겨울 칼바람의 매서움을 생각하면 지금도 정신이 번쩍 든다.

선릉점: 테헤란로 노상판매

선릉점의 추억도 만만치가 않다.

선릉점은 테헤란로 대로변에 있는 오피스상권 매장으로 평수가 70평 내외의 매우 작은 일반점이었다.

그런데 그 좁은 매장에 이업종 co-op를 테스트한다고 커피전문점이 매장 한켠에 인숍으로 들어와 있었다.

커피숍이 아침일찍 문을 열어야 하기에 직원들은 돌아가면서 한 명씩 새벽에 출근하여 문을 열어주고 매장 한쪽에 앉아 있어야 했다.

한두 달 있어 보니 직원들 고생만 하고 커피숍 손님의 가전제품 연계성은 거의 없었다. 회사에 건의하여 커피숍을 내보내고 바로 매장 리뉴얼공사를 시작했다.

목동점, 문래점 2개 신설점을 오픈해 봤지만 신설오픈보다 2배로 더 힘든 게 기존점 리뉴얼오픈 공사였다.

공사기간 동안 노느니 한 푼이라도 더 팔아 보자고 테헤란로 매장 앞 대로변에 텐트를 2개 붙여서 설치하고 TV, 냉장고, 세탁기 같은 가전제품 대물들을 텐트 안에 진열하여 길가에서 장사를 시작하였다.

나머지 중, 소물재고는 전부 짊어지고 지하에 있는 창고로 옮겼다가 매장공사가 끝난 후에 다시 짊어지고 매장으로 옮겨 날랐다. 육체적으로 혹독하게 고생을 하였다.

당시 선릉점은 테헤란로에서 유일하게 엘리베이터가 없고 겨울에 온수가 안 나오는 건물이었다. 리뉴얼 오픈할 때 순간온수기를 매장에 있는 조그만 휴게실에 설치하여 겨울에 걸레 빨 때 고생을 덜하게 했을 정도였다.

공사가 한창 진행되었고 나도 목장갑 끼고 작업하고 있었는데 어느날 말끔하게 차려입은 헤드헌터가 찾아왔다. 아파트 거실 장판 만드는 회사인데 영업본부장 제안이 들어왔다. 연봉, 차량, 회원권 등 순간적으로 솔깃한 스카우트 제안을 하였다. 나는 즉석에서 거절을 하고 돌려보냈다. 삼성이라는 조직과 선, 후배 직원들이 너무 좋았기 때문이다. 그때 생각과 판단은 지금도 후회하지 않는다.

선릉점은 리뉴얼 공사 시 고생한 기억밖에 안 난다. 한여름에 억수로 장마비가 내리는 날 길가에 있는 텐트에서 직원들과 돌아가면서 물건을 지키느라 밤을 샜던 기억은 도저히 잊을 수 없는 아련한 추억이다(그때 같이 고생했던 직원 중 한명은 훌륭하게 성장하여 지금 현직에서 대형점 지점장을 잘 수행하고 있다).

쌍문점: 똥고객 사건

응답하라 1988에 나오는 그 쌍문동이다.

일반점 3군데를 거쳐 서비스센터가 입점해 있는 서비스점에 처음으로 발령을 받았다. 당시 월매출 10억이 넘는 전국에 몇 안 되는 대형점이었다.

나는 쌍문점을 제대로 오퍼레이팅하여 모두가 그리는 꿈의 매장을 만들고 싶었다. 서비스센터가 3층에 입점해 있어서 매장에 기본적인 내방객은 항상 많았고 1층 매장 한쪽에 휴대폰 서비스가 내려와 있어서 매장을 왕래하는 손님이 많았다.

그러던 어느날 휴대폰 서비스코너 쪽에서 갑자기 비명소리가 들렸다. 매장에 들어와 계시던 손님들이 홍해 갈라지듯 좌우로 좌악 갈라지면서 비명을 질러댔다.

그쪽으로 뛰어가 보니 옷에 똥을 지려서 말라 비틀어진, 참을 수 없는 냄새가 진동을 하는 나이든 고객이 매장에 들어와 있었다. 가만히 보니 행동이 부자연스러운 장애인이었고 카세트라디오를 구매하려 매장에 들른 것이었다.

　사원들이 아무도 가지 않아 어쩔 수 없이 지점장이 상담을 하였는데 도저히 악취를 감당할 수 없어 한쪽 손으로 코를 막은 상태로 상담을 하였다.

　매장에 들어오신 손님인데 어떻게든 장사를 해야 하지 않겠는가? 겨우겨우 상담을 마치고 문 밖까지 배웅을 해드렸는데 매장앞에서 택시를 잡아타는 것이었다. 그 택시기사는 또 무슨 죄란 말인가?

　손님이 나가신 후 매장에 배인 악취를 빼는 데도 한참이 걸렸다.

　우리 매장에 들어오시는 모든 고객은 외모나 생김새에 따라 선입견을 가지고 판단해서도 안 되고 어떠한 상황이든 한결같은 경외심으로 판매를 해야만 했던 잊지 못할 추억이다.

　쌍문점에서는 직원들에게 코너별 상품담당제를 가르치기 시작했고 3.1.3.1 고객관리 crm활동도 진심으로 추진하였다. 판매도 잘되고 모든 매장 오퍼레이팅이 원활하게 진행되었다.

　그런데 갑자기 감사팀에서 연락이 왔다. 불시에 재고조사가 나왔다. 대물은 차이가 없었으나 소물 재고관리가 제대로 안 되어 차이가 많이 났다.

당시에는 점간에 소물재고 이동이 많았는데 전산상으로는 분명히 보유재고가 있어서 점간 이동요청을 하면 실물재고가 없는 것이었다. 주변점에서 쌍문점 재고차이가 많다는 소문이 났고 감사팀이 조사를 나온 것이다.

결국 재고차이를 직원들과 같이 변상하고 재고관리부실 징계를 받았다. 상담성공율을 올리고 팔기에만 급급해서 소물재고 관리에 소홀하였던 결과로 소매장사의 쓴맛을 제대로 느꼈던 사례였다.

판매 못지않게 중요한 재고관리의 필요성!
재고조사는 휴대폰 액세서리 하나까지 지점장이 직접 눈으로 확인해야 한다는 사실을 뼈저리게 체험했다(당시 재고관리부실 책임을 공동분담해준 직원들에게 다시 한번 미안함과 고마움을 전합니다).

상계점: 진상고객을 충성고객으로
상계지점장 1년 동안에는 실력있는 사원들을 육성하였고 조그만 과실도 없이 훌륭한 성과를 만들어 내면서 점포 오퍼레이팅 실력을 유감없이 발휘하여 전사 최우수지점 평가를 받았다.

당시 상계점 매출은 바로 옆에 있는 하이마트 매출을 전국에서 유일하게 초월하였다. 삼성전자 one-brand 상품으로 멀티브랜드 제품을 취급하는 양판점 매출을 이겨버린 것이다.

그간의 스탭, 현장경력 노하우와 실력을 제대로 보여준 쾌거였다. 직원들과의 회식도 가족들을 동반하여 가족행사로 진행시켰다.

사원만족도는 물론 팀워크도 최고였고 그것은 그대로 최고의 매출성과로 나타났다. ES(사원만족) = CS(고객만족) = MS(마켓셰어) 사례를 제대로 실현시킨 매장이 된 것이다.

그런데 당시에 강북상권에는 유명한 블랙컨슈머가 한 명 있었다.

강북지역 거의 전점을 돌아다니면서 사원들을 붙잡고 장시간 상담을 하였고 어쩌다 삼성제품 하나를 사면 그 상품의 하자를 찾아내서 클레임을 제기하였고 어떻게든 트집을 잡아서 차상위모델로 무상교환을 받아가는 대단한 진상고객이었다.

심지어 수원공장 제조사업부 상품개발자들과도 직접 통화하여 상품의 원리와 기술에 대하여 갑론을박을 할 정도로 제품의 원리와 활용성에 해박하였다.

그 진상고객이 매장에 나타나면 사원들은 경계령을 발령하

고 시선조차 피하면서 접근을 하지 않았으며 다른 손님들 접
객과정에도 상당한 피해를 끼치는 지경까지 되었다.

대표님께도 회의시간에 보고가 되었고 마침내 손자병법 "적
을 내 편으로 만들어라" 방법을 활용하게 되었다.

정식으로 지점장회의 시간에 진상고객을 초청하여 강의를
청탁하였다. 제품에 대한 불만, 매장에 대한 불만, 기타 건의
사항들을 공식석상에서 원없이 떠들게 하였고 별도의 강의료
를 줘가면서 지방지사 순회강연도 부탁하였다.

그 다음부터는 완전 충성고객이 되어 더 이상은 클레임을
제기하지 않았고 확실한 우군이 되어 경쟁유통 정보까지 제공
해주고 다니기까지 하였다. 상계점에서 참 기억에 남는 고객
이었다.

강서본점: 강서구 주민축제가 된 진열소진행사

강서본점 지점장시절에는 나의 모든 소매노하우가 총동원
되어 그야말로 판매현장의 꽃을 피운 시절이 되었다.

전사 최대규모 매장이었던 강서본점 매장 앞뒤 전체 활용가
능 면적에 대형 몽골텐트 20여 개를 설치하여 행사장으로 만
들고 전사 단종, 진열재고를 끌어모아 대대적인 진열상품 소

진행사를 강서구민 지역 연례행사로 자리매김시켰다.

진열단종 소진효과가 너무 좋아 삼성전자 서서울 물류센터 대형 주차공간을 활용한 대대적인 진열소진행사로 연계시켜 매년 행사를 치르게 되었다(이러한 대대적 진열상품 소진행사는 이후에 경쟁유통도 그대로 따라 하게 되었다).

당시 강서본점은 30여 명의 판매사원들과 매장운영 오퍼레이팅도 최고수준으로 운영되어 이젠 데오데오에서 더 이상 배울 게 없을 정도의 오퍼레이팅 수준을 유지하게 되었다.

강서본점의 유명한 일화가 하나 더 있다.

강서본점 지점장 시절 사원들과 산행

필자가 아닌 전임 지점장(현재 삼판 부사장으로 재직 중) 시절에 대대적인 판촉행사를 자주 하였는데 한번은 헌 프라이팬을 가져오면 새 프라이펜(테팔)으로 바꿔주는 방문사은품 집객판촉을 한 적이 있었다.

문제는 홍보전단을 인쇄할 때 "선착순 ○○명"이라는 문구를 실수로 빼고 수십만 부를 인쇄하여 강서구에 신문삽지 시켰던 것이다.

판촉행사 당일 아침에 매장 오픈하기도 전에 강서구 주민 수백 명이 헌 프라이팬을 들고 매장을 몇 바퀴를 돌아서 줄을 서 있었다.

홍보전단은 삽지가 되버렸고 고객들은 전단을 보고 집 안에 있는 낡은 프라이팬은 전부 들고 나와 바꿔 달라고 줄 서 있는데 이를 설득할 방법이 없었다. 고객과의 약속은 약속이니 안 지킬 수가 없었다.

당시 필자는 서울지사 지원그룹장이었는데, 울며 겨자먹기로 전국의 테팔 프라이팬을 급 수배해서 간신히 수천 개를 교환해 주게 되었고 그때 강서구 가가호호 헌 프라이팬은 거의 강서본점이 새거로 다 바꿔준 것 같았다.

매장 뒷마당에 산더미처럼 쌓인 헌 프라이팬은 고물상에게

넘기고 마무리하였던 기억이 지금도 생생하다.

당시 엄청난 비용이 투입되었지만 그 테팔 프라이팬 사건이 후로 강서본점이 판촉행사를 할 때는 놀라울 만한 판촉효과를 보기 시작하였다. 전사 최대매장, 최대매출 강서본점 비화 중의 한가지였다.

용두점: 망부석이 된 지점장

용두점은 매장규모는 작으나 일일내방객이 워낙 많은 점이었다. 같은 건물에 유명한 한의원이 입점해 있어서 내방객 덕을 많이 보았으며, 대규모 청량리 시장이 바로 인근에 있어 상권배경도 탄탄하였다.

제기동 약재상거리에 부점장을 데리고 상점 가가호호 매장 홍보 발품을 많이 팔았던 기억이 있다. 용두점 지점장시절이 어찌보면 필자 영업인생에서 제일 행복하고 relax했던 시기였다.

그런데 하루는 이런 일이 있었다.

그날따라 내방객도 적었지만 상담 성공율도 엉망이고, 사원들이 가망정보 취득에도 적극적이지 않고, 집객노력도 하지 않고, 여러 면에서 장사에 충실하지 못하였다.

한마디로 평상시에 부족함 없는 내방객 때문인지 고객 귀한 줄 모르고 일판매 실적이 엉망인데도 사원들이 슬렁슬렁 시간만 보내고 있었던 것이었다.

지점장은 화가 머리끝까지 치밀어 올랐다.
일목표의 20~30% 실적으로 도저히 마감을 할 수 없었다.
그래서 매장입구에 서서 밖을 쳐다보면서 손님들이 한 분이라도 더 들어오길 기다리고 서 있었다.

그렇게 밤 12시까지 망부석처럼 꼼짝 않고 서 있었다.
밖에는 비가 부슬부슬 내렸고 밤 10시가 넘으니 길가에 다니는 사람도 줄어들고 취객만 비틀비틀 지나다녔다.

무서운 고참 지점장이 자정까지 꼼짝 않고 문 앞에 굳은 얼굴로 서 있으니 서 있는 나도 힘들었지만 직원들은 지점장 눈치를 보느라 퇴근한다는 얘기도 못 하고 꼼짝없이 매장에 묶여 있었다.
그렇게 시간이 흘러 자정이 되었고 나는 직원들을 모아놓고 마음속의 얘기를 하였다.

고객 한 분 한 분의 소중함에 대해서 귀에 못이 박히도록 얘기를 했음에도 상담에 집중하지 못하고 고객을 소홀히 대하는 모습에 도저히 참을 수가 없었음을 토로했다.

밤을 꼬박 새고 서 있어도 누가 한 명 들어오는가. 한 명도 안들어온다. 그런데 일과 중에 제발로 들어와 주시는 고객의 소중함을 모르고 왜 그렇게 슬렁슬렁 접객을 하는 것인가?

다음날부터 사원들의 접객태도는 180도 달라졌고 다시 매장은 활기를 띄었다.

용두점 시절에는 옆에 나란히 붙어 있었던 H사, L사 지점장들과도 선의의 경쟁은 하였으나 동업종의 동반자들로서 인간적으로 친하게 지냈었고, 용두점에 같이 근무했던 직원들도 지점장과 혼연일체가 되어 좋은 성과를 많이 만들어 냈다. 용두점에서 2년간 같이 동거동락했던 직원들은 지금도 모두 현직에서 역할을 잘하고 있다.

만능슈퍼맨
서울지사 지원그룹장

소형점부터 대형점까지 판매현장에서 열정적으로 하루하루 목표와의 전쟁을 하며 판매현장의 쓴맛 단맛을 보고 있던 중 다시 스탭으로 발령이 났다.

첫번째 임무는 회사에 sv제도를 도입하는 것이었다.

다시 일본고문과의 작업이 시작되었다. 일본 데오데오회사의 슈퍼바이저 직무분석을 세밀하게 하였다(당시 일본 고문들이 데오데오 베테랑 sv들이었다). 데오데오 슈퍼바이저는 직영점sv와 프랜차이즈점sv 두 종류가 있었다.

데오데오 직영점은 본사 직원들이 직접 판매하는 수천 평 규모의 초대형 매장이고 프랜차이즈점들은 과거의 일본 가전제품 maker에 속해 있던 대리점들이 대형유통으로 흡수되어 대형가전유통의 바잉파워buying power 혜택을 같이 보면서 sv

에게 매장운영 노하우를 지도받는 구조였다.

직영점 sv는 5~7점 정도 담당했고, 프랜차이즈 sv는 30~40점씩 담당하여 매장을 순회하며 점포를 지도해주고 월매출액 대비 일정율의 수수료fee를 받았다.

삼성전자판매의 sv제도를 정립하였다.

판매사원부터 지점장경력까지 판매현장 경험이 풍부한 우수점장 중에서 현장지도능력이 있다고 판단되는 중, 고참 위주로 각 지사별로 2~3명을 선발하였다.

각 지사 sv를 선발하여 수원 cs아카데미에서 당시 유통관장님과 본사 스탭장들을 모시고 향후 sv들의 활동방향과 현장지도 할 내용에 대하여 브리핑하였다.

그리고 필자도 대표sv가 되어 서울지사의 한 개 지역을 담당하여 지도활동하면서 유통관장 주관하에 전국 sv회의를 월 1회 운영하였다(이후 sv제도는 변화와 발전을 거듭하면서 삼판의 주요 직책으로 정착되었고 판매현장과 본사스텝의 중간파이프 역할을 하면서 회사 전체 소매영업력 고도화에 큰 기여를 하게 된다).

그렇게 sv제도를 6개월에 걸쳐 세팅시킨 후에 나는 다시 서울지사 지원그룹장으로 발령이 났다.

서울지사 지원그룹장 역할은 2년 6개월을 하였는데 삼판에서 수행하였던 역할 중 제일 오랜 기간을 하였으며 참으로 많은 일들이 있었다.

지사 지원그룹장은 만능 슈퍼man이 되야 했다.

지사장을 보좌하면서 지사 내 50여 개 매장의 판매를 지원하고 인적, 물적자원을 관리하면서 어떻게든 목표달성을 만들어 내야 했다. 휴일이 없었고 밤낮이 없었다.

사원들과 지점장들과의 소통을 위하여 거의 매일 저녁 식사와 술자리를 해야 했고 신설점 및 폐점 스케줄관리와 부진점 지도를 하였다.

판매사원 인력부족을 충원하기 위해 수시로 채용공고를 내고 입사면접을 진행하였다(당시는 지사 자체채용이 많았다).

전자에서 삼판으로 전배와서 수많은 현장과 스탭에서의 역할을 수행하였지만 그중에서도 제일 오랜기간 제일 열정적으로 혼신을 다하여 몸을 바쳤다(다른 보직은 모두 6개월에서 1년 안에 주어진 목표와 역할을 수행하였고 보직이 변경되었었다).

당시 몇 분의 출중한 지사장을 보좌하면서 서울지사를 전사 최고지사로 만들었고 서울지사 지점장들을 강하고 실력있게 지도하고 육성하였다. 신상필벌을 실천하였고 묵묵히 제 역할 수행하는 재목들을 발굴하여 제대로 평가하고 육성시켰다.

20여 명의 지사스탭 인원들과 혼신을 다하여 일당백의 역할을 하면서 판매현장의 실행력을 배가시켰고 발생가능한 사건사고를 미연에 방지하였다.

당시 신설점들은 오픈판촉행사에서 지원그룹장이 사회를 보고 대표와 관계사 임원들 그리고 지역유지들을 초청하여 고사를 지내고 거창하게 테이프 커팅식을 거행하였다.

신설점 오픈판촉은 모든 판촉자원과 품목정책을 대대적으로 투입하여 추진하였고 최고의 판매성과로 매번 오픈점 기네스실적을 갱신시켜 나갔다(신설오픈 판촉행사를 동네잔치로 승화시키면서 신규고객을 최대한 많이 유치하였다).

그렇게 리빙프라자와 서울지사의 번영기 세월이 흘러갔고 그사이에 대표와 지사장이 바뀌었다. 어느 순간 과유불급이라는 사자성어의 의미를 뼈저리게 실감하는 순간이 다가왔다.

너무 지나치면 부족함만 못하다 하였던가.

기록적인 성장과 판매기네스 갱신의 성취감에 젖어 공격적으로, 도전적으로 매출을 성장시켜 나갔던 후유증이 여러군데서 나타났다.

지원그룹장으로서 몇가지 관리책임을 지고 입사 두 번째의 징계를 받게 되었다. 회사에 속죄하고 반성하면서 지원그룹장을 내려놓고 다시 판매현장으로 가서 상계지점장과 당사 최대 매장 강서본점 지점장역할을 수행하였다.

가전 소매영업 CS
기본틀을 다지다

전사 최대매장 강서본점에서 최고의 성과로 기네스매출을 연일 갱신하고 있는데 어느날 대표님이 매장에 내려오셨다. 전사매출이 확대일로에 있는데 이를 수반하는 cs수준에 공백이 많으니 cs혁신그룹을 맡아 달라 하였다. 짧고 굵은 강서본점 지점장역할을 마치고 본사 cs혁신그룹장을 맡게 되었다.

당시 대표님은 전자 직판과장 시절 지역전문가로 파견나갈 때 영업본부 인사부장을 하셨던 바로 그분이었다.
전사매출은 신규점포 확대와 더불어 매출grade가 성장 일변도였으나 큰 문제는 cs기본이 안 되어 있다는 지적이 많았다.

특히 제조사업부에서 주관하는 미스테리쇼핑의 단면으로 사원들이 맞이인사도 잘 안 하고 제품지식도 의외로 부족하다는 지적이 여기저기서 발생하였다.

더 이상 그런 소리를 듣고 있을 수는 없었다. 회사에 걸맞는 cs력을 짧은 시간 내에 구축해야만 했다.

대표님과 고민 끝에 일단 전문 cs강사를 18명 긴급하게 채용하였다. 항공회사 스튜어디스 출신부터 헤어숍회사 cs강사, 자동차메이커 cs강사, 이업종 프랜차이즈사 cs강사 등 다양한 직종에서 탄탄한 경력이 있는 cs전문강사들을 직접 면접을 보고 채용하였다.

그리고 수원 cs아카데미로 2주간의 교육스케줄을 편성하여 cs혁신그룹 직원들과 같이 합숙을 들어갔다.

일단 그들에게 삼성 판매현장의 cs mind를 먼저 주입시켰다. 그리고 앞으로 만들어 나갈 국내최고 전자제품 전문 유통

CS강사 워크숍을 마치고

회사로서의 cs력을 어떻게 구축할 것인가에 대한 방향성을 같이 고민하고 정립하였다.

시간을 가지고 단계적으로 셋업시켜 나갈 여유가 없었다.

각 지사별로 cs강사를 2~3명씩 배치하여 지사로 발령을 냈다. 그리고 매장에서 실천해야 할 cs에 입각한 "표준접객 MOT 7단계 process"를 동영상으로 제작하였다.

맞이인사부터 차 접대, 문진상담, 상품설명, 구매결정(결제진행), 배웅인사, 사후관리까지 상담 처음부터 끝까지 각 단계별 모든 상담과정을 표준상담 동영상으로 긴급 제작하여 전 사원 휴대폰으로 배포하였다.

그리고 조회시간, 종례시간은 물론 일과중에 시간 날 때마다 동영상에 나오는 토씨 한 마디까지 그대로 따라하게 암기와 반복r/p를 하도록 하였다.

그리고 각 지사 cs강사들을 매일 매장에 patrol 방문시켰다. 사원을 한 명씩 불러서 MOT 7단계를 r/p 실연시키고 평가하고 결과를 일 단위로 집계하였다.

순식간에 전 사원의 상담동작과 멘트가 전국적으로 통일, 표준화되었고 cs강사들은 한 달에 한 번씩 cs아카데미에서 1박2일로 워크숍을 진행하여 개선과 보완사항을 점검하고 또 실천해 나갔다.

cs강사 매장별 patrol 결과와 자체 미스테리쇼핑 점검결과 cs부진지사, 부진점은 정말 호되게 야단을 쳤다.

대표부터 각 지사장 모든 본지사 스탭, 판매현장의 지점장들과 전체 판매사원들이 그때만큼 cs표준화, 체질화에 혼연일체되어 혈안이 되었던 적이 없었을 정도였다.

그렇게 단기간에 삼판의 cs기본은 탄탄하게 다져졌고 더 이상의 심각한 지적은 나오지 않았다.

cs기본 접객력을 전국적으로 통일시켜 세팅을 시킨 후에, 두 번째로는 상품설명력을 향상시켜야 했다. 돈을 수천만 원 들여 마케팅팀 한쪽에 방송장비를 설치하고 방송실을 만들었다.

상품담당 PM들이 직접 방송에 출연하여 조회시간에 전국 전점, 전 사원을 대상으로 주말행사 품목정책과 제품 USPunique selling proposition(특장점)에 대하여 교육을 시키고 전달사항을 주지시켰다.

매주 목요일 조회시간에는 상품교육방송, 화요일 조회시간에는 cs교육방송을 시행하였다. 전점, 전 사원들이 같은 시간 TV코너에 모여서 제품지식과 cs실행력을 교육받고 한 주간의 장사를 내실있게 실천해 나갔다.

세 번째로는 cs부진점장, 부진사원들에 대한 대면교육을 시행했다. 그룹장과 cs담당자가 직접 각 지사를 돌면서 cs부진점장, 사원들을 집합시켜 정말 혹독하게 정신교육하였다.

당시에는 구매고객대상 CMIcs monitoring index(고객 만족도 지수) 조사결과가 사원별로 일일리포팅되었다. 조사대상품목 구매고객의 판매사원 만족도와 불만사항이 콜센터 조사요원에 의해 매일 집계되었다.

접객 불만, 제품지식 불만, 친철도 불만 등 VOC(고객의 소리)가 여과 없이 리포팅되었다.

사원 CMI 90점 미만 사원과 VOC발생 지점장들은 한 달에 한 번씩 각지사로 집합시켜 CS교육을 2시간씩 진행하였다(교육진행은 그룹장과 전사 cs명장 사원이 지사별로 나누어서 진행하였으며 그 cs 명장 사원은 2부에서 우수사례로 상세하게 소개된다).

정말 악명높은 CS그룹장을 자처하였다.

입사 이래 그렇게 모질고 혹독하게 직원들을 교육시킨 적은 없다. 의도적으로 강한 자극을 주기 위해 그렇게 했다.

CS는 그 회사와 조직의 근간이며 정신상태를 나타낸다. CS가 얼마나 중요한지에 대한 필자의 기본개념은 2부에서 상세하게 서사가 된다. 그리고 한번 교육받은 CS부진사원은 계속 CMI 개선여부를 추적관리했다. CS력이 개선되지 않으면 아예 판매에서 제외를 시켰다.

이러한 세 가지,

① 표준접객 MOT 7단계 전사원 체득화 작업(cs 전문강사, 채용 현장 patrol 시행)

② 사내방송실 설치 제품교육 전국 동시시행(PVI, 판매정책, 실시간 교육)

③ cs 부진사원 mind교육 정기시행(각 지사별 월 1회 집합, 대면 교육)

활동들이 CS혁신그룹, CS강사들 중심으로 7개월간 강도 높게 진행되었고 전 사원들의 성심어린 실천력으로 전사 CS력은 짧은 기간에 엄청나게 향상되었다.

그 기간에 회사 사명이 ㈜삼성전자판매로 변경되었고 그룹 내 회사의 위상도 전략적 계열사로 격상되었다. 나는 정신적 스트레스와 육체적 피로도가 쌓인 탓인지 오른쪽 눈에 망막 박리 현상이 나타났다.

오른쪽 눈이 서서이 하얀 막이 처진 것처럼 안 보이더니 급기야 전체가 뿌옇게 안 보이기 시작했다.

당시 전사 최대격전지 강남본점 리뉴얼 오픈판촉이 시작되는 날에 나는 강남성모병원 응급실로 입원하여 그날 저녁 망막박리수술 전신마취에 들어갔다.

병원에서 하는 얘기가 거의 망막이 떨어지기 직전이어서 조금만 늦게 왔으면 실명할 뻔했다고 설명했다.

다시 한번 "과유불급"의 의미를 되새겼다. 업무와 개인건강의 balance는 본인이 챙겨야 함을 다시한번 절감했다.

당시에는 S=2L(삼성은 L사 2배를 판매해야 한다) 이라는 공식이 있었다. 특히 서울 강남의 최대격전지 상권이었던 학동사거리에서 거의 동시에 open했던 강남본점은 정말 당시 상황으로는 역대급 최대 격전지였다.

전사에서 제일 장사 잘하는 원톱지점장과 베스트사원들이 배치되었고 대표님 이하 모든 스탭, 중간관리자들의 최우선 지원사항이었다(강남본점은 그룹차원에서도 최대 관심매장이었다).

일일 판매실적과 경쟁지수가 VIP까지 일일보고 되었고 CS 관련 미세한 지적사항도 엄청난 파장을 불러왔다. 그만큼 격전을 치뤘던 강남본점은 모든 사원들이 정신적인 중압감을 느꼈던 것 같다. 지나서 생각해 보면 모든 그러한 과정들이 유통강자를 탄생시키고 최고의 판매전사들을 키워내는 숙명적인 과정이었다는 생각이 든다.

강남본점을 거쳐가고 경험한 후배들은 지금도 전사적으로 각자의 위치에서 훌륭한 역할들을 해내고 있다. 나 역시 그러한 과정에서 CS그룹장으로서 한축의 역할을 담당하였고 열정을 불살랐다.

수술 후에 눈 상태도 안 좋고 해서 대표께 건의하여 서울지사 용두점 지점장으로 발령을 받았다. 그리고 2년 동안 지점장 역할을 하면서 그간의 지친 심신을 추스르고 보상을 받았다(용두점은 실적이 좋았고 성과급도 많이 받았다).

전국 최대격전지
강남, 강동 SV가 되다

용두점에서의 2년간 행복한 지점장생활을 하고 있을 때 새로운 지사장이 오셨다. 삼판 20년간 정말 능력있는 몇 분의 지사장과 같이 근무하였지만 현장을 정확히 직시하고 통찰력이 있으면서 합리적으로 판매현장을 관리했던, 필자가 정말 respect하는 분이시다.

이 시기에 회사에 다시 SV제도가 재편되었고 지사장과 협의하에 나는 서울지사 SV로 다시 편입되어 전국 최대격전지 강남, 강동지역을 맡게 되었다.

그렇게 세번째 SV역할을 2년간에 걸쳐 수행하는 동안 그간의 나의 스탭과 판매현장에서 경험하고 배우고 학습하였던 모든 역량이 집대성된다. 즉, 삼성전자판매 SV로서의 현장지도 활동 역량을 최고로 극대화시키고 구체적인 SV역할의 표본을 구축하였다.

어디나 판매현장은 목표와의 전쟁터이다.

사원들은 개인목표가 있고 사원들 목표의 합이 지점을 맡고 있는 지점장의 목표이다. SV는 이러한 지점들을 지역별로 15~18개씩 담당하여 지역점들의 목표달성 과정을 관리감독하고 지원한다.

나는 강남, 강동지역 15개점을 담당하게 되었다. 일주일 단위로 쉴 새 없이 본사와 현장을 다니면서 파이프 역할을 하였다.

월요일: 본, 지사스탭 미팅

매주 월요일은 본, 지사 스탭부서와의 회의가 종일 진행된다.

강남본점 전 직원 조회 참여

본사마케팅, 관리, 지사스탭들과 지난 한 주간의 점별실적을 review하고 특이사항을 분석한다. 금주의 판매진척 목표를 재확인하고 주말행사점들의 본, 지사 지원 필요사항을 요청한다.

주로 오전에는 본사스탭과, 오후에는 지사스탭과 회의가 진행된다. 그리고 저녁에는 본, 지사 관계자들과 개인적인 소통의 시간을 가진다. 회의시간에 다 얘기 못 했던 현장의 사정들을 공유하고 지원을 끌어내기 위한 집요한 설득의 시간이 이어진다.

화, 수, 목, 금: 매장 방문활동

월요일을 제외한 나머지 요일은 현장활동이 지속적으로 이루어진다.

매일 아침에 첫 방문점에서 조회를 동참한다. 조회주관은 지점장이 하며 SV는 서두 또는 말미에 본사의 전체적인 주요 현황과 금주의 우리 지역 주력 판매방향과 이슈에 대하여 사원들과 공유를 한다.

SV 방문점에서의 설명내용과 지침내용은 지점장이 메모하여 지역 단체방에 바로 올려서 실시간으로 담당하는 전체지역 전 사원들에게 전파된다.

지점장들은 지점장 단톡방에 공유하고 각 지점장들은 지점의 사원들과의 단체방에 그 내용을 재전송한다.

소매영업에서의 정보공유는 speed가 생명이다.

회사의 정책과 지침을 실시간으로 조회하고 공유, 숙지하는 일은 극히 공적인 업무이다. 문자나 e메일이나 전부 공짜가 아니다. 모두 회사가 비용으로 지원하고 있는 업무의 연장이다.

e메일, 문자를 소홀히 하고 실시간 조회를 게을리하는 것은 회사비용 낭비이면서 본인의 직무를 소홀이 하는 것이라 생각한다.

특히 소매영업 판매현장은 판매정책 정보공유 스피드가 기회비용과 같다. 정보공유가 늦으면 늦은 시간만큼 바로 기회손실로 이어진다. 나는 특히 판매현장에서 speed를 1번으로 강조하였다. speed는 내 영업인생에 있어서도 최우선 강조사항이다.

화요일 첫 방문점에서 조회를 마치면 다음 방문점으로 이동한다. 주로 오전에 2점 오후에 2~3점 정도를 방문한다.

점을 방문하면 지점장들과는 주차별 집객 Road Map을 가지고 대화를 한다. 지점장의 주요 role 중 하나가 주간단위 집객 Road Map 실천이다. 주로 판매행사가 주말정책으로 진행되므로 주말행사 판매목표를 달성하기에 충분한 고객 집객활동을 제대로 하는 것이 지점장의 역할이다.

2부에서 상세설명하겠지만 지점장은 주간단위 판매진척 달성에 목숨을 걸어야 한다. 목표는 생명이고 판매현장은 전쟁터이다. 상시로 긴장하고 있어야 하고 스피드 있게 움직여야 생존할 수 있다. sv는 현장을 방문하여 매장이 살아 숨 쉬고 있는지 정체되어 죽어 있는지를 눈으로 확인하고 지점장과 사원들이 혼연일체되어 목표달성을 향해 한 방향으로 매진하고 있는지를 직관하고 점검해야 한다.

지점장과 얘기가 끝나면 본지사와 협의된 현장실천 kpi check list를 가지고 실천여부를 하나씩 점검하고 확인한다.

점, 사원별 판매진척현황, CS(CMI, VOC), 진열, 연출, 청소상태, 재고회전율, 창고 정리정돈상태, 부진사원 1:1면담 등 거의 정해진 check list 점검사항들을 반복하여 확인한다.

그리고 맞이인사, 배웅인사를 제대로 하고 있는지, 고객과의 상담을 표준접객 MOT 단계별로 제대로 실천하고 있는지 사원들의 상담내용과 태도를 유의하여 살펴본다.

확인된 점포 운영상태를 다시 지점장에게 F/B해주고 다음점으로 이동한다. SV 강조사항이나 지침은 또 실시간으로 지역전점, 전 사원들에게 공유된다.

당일 점방문 활동이 끝나면 저녁에 또 소통의 시간을 갖는다. 힘들어하는 점장, 개인적 애로사항이 있는 사원들과 술 한잔 하면서 형으로서, 선배로서 인간적인 소통을 진행한다.

상기와 같이 주차별로 매주 월요일은 본, 지사회의, 화수목금은 현장방문이 반복적으로 이어진다.

주중 4일간 점현장을 일평균 3~4점 방문하면 일주일에 담당지역 점들을 최소 1번 이상은 방문하게 된다.

지점장들과는 주간단위 집객활동에 관하여 얘기하고 사원들과는 주요 kpi 실천여부를 얘기한다.

수요미팅: 지점장 주간회의

그리고 매주 수요일 저녁에는 sv주관 지점장회의 "수요미팅"을 진행하였다. 강남, 강동 전점 지점장이 업무종료 시간에 모여서 금주 주말목표 달성에 관하여 집중 토론한다.

지점장들은 전 주 판매 성공, 실패 사례를 공유하고, 경쟁유통 정보를 공유하고 주력판매 제품의 고객반응에 대하여 정보를 공유한다.

sv는 금주 주말목표 달성을 위한 현장점검 check사항을 공유하고 문제점을 보완하고 주말목표 필달을 위한 지침을 전달

강남, 강동 SV시절 지점장 전략대회

한다. 그리고 본사 전달 및 지원요청사항도 중간점검한다.

강남, 강동 sv의 수요미팅은 유명했다(악명이 높았다). 일명 "도곡점 2층 방카" 수요미팅 참석 시 지점장들은 매우 긴장을 하고 참석했던 것 같다.

목요 공부방

그리고 매주 목요일 저녁에는 사원들 공부방을 진행하였다 (목요 공부방). 주차별로 계절, 이슈품목을 달리하여 품목별 상품지식과 판매정책을 학습하는 공부방을 시행하였다.

퇴근시간쯤에 우리지역 각점의 판매부진사원, 신입사원들은 지역 최고 판매사원이 있는 매장으로 모인다.

우수사원은 해당제품 진열코너에서 자신만의 진열, 연출방법, 상담기법, 판매성공 skill을 전파하고 공유한다.

sv는 공부방에 김밥이나 빵을 들고 반드시 참석한다. 그리고 공부방 말미에 당부사항과 격려를 하고 마무리한다.

공부방은 반드시 sv가 참석을 해야 제대로 진행된다. 참석 안 하면 내용이 부실해진다. 강남, 강동지역 목요공부방 사례는 전사로 확대되어 회사 교육제도로 정착되었고 공부방을 주도하는 우수 판매사원에게는 사내강사료를 지급하게 되었다. 그리고 지역 핵심사원으로 지속적으로 육성되어 전사적으로도 큰 역할을 수행하고 있다.

주말판매: 판매에만 집중

금, 토, 일 주말 3일간 주말판매가 start되면 판매현장은 초긴장상태로 전 사원 판매활동이 집중된다.

가급적 sv도 주말판매 기간에는 현장방문을 자제하고 문자나 유선으로 판매현장을 원격 control한다.

sv는 주재점에 위치하여 시간단위로 점별 실시간 판매진척을 문자로 공유하고 부진점을 독려한다.

상품정책이나 판매인력 긴급 지원사항 발생 시 본, 지사와 연락하여 즉시 긴급정책 시행을 의사결정하고 실시간으로 판매지원을 하기도 한다.

이러한 내용으로 한 주간의 sv활동은 마무리되고 주간단위

SV주관 수요미팅 지점장회의

로 같은 스케줄의 활동이 반복시행된다.

　sv는 월요일에 다시 본, 지사로 출근하여 하루종일 전주간의 점별 판매실적을 review하고 공유한다. 그리고 또 주중에는 요일별 점현장을 방문하고 부진점, 어려운점은 중복하여 방문 장시간 지도를 하기도 한다. 그리고 고질적 부진점은 부진점 워크숍을 전 사원이 모여서 해당 매장에서 시행하였다.

부진점 워크숍: 전 직원 참석 부진탈출 워크숍 시행

　장기간 목표달성 부진점이 발생하면 워크숍 시행을 미리 공지하고 sv는 해당 지점의 상권분석, 고객분석부터 사원별 실적 및 kpi 현황을 항목별로 세부적으로 분석한다.

　워크숍 시행일은 영업을 조금 일찍 끝내고 tv코너 앞에 둘러앉아 sv의 현황분석 내용을 먼저 설명 듣고 지점장과 사원들의 자체 부진요인을 한 명씩 발표, 공유한다.

1시간 반 정도 토론하면 문제요인이 무엇인지 금방 도출된다. 문제가 잡히면 대책은 자동으로 나오는 게 소매이다. 그리고 식당으로 이동하여 쓴 소주 한 잔 마시면서 사원들을 격려하고 팀워크를 다지고 새로운 기분으로 motivation한다.

sv는 해당점의 부진탈출 지원요청사항을 정리하여 본, 지사에 별도로 요청하고 이를 적극 지원한다.

위와 같은 강남, 강동 sv활동 스케줄과 실천내용들은 수시로 전국 sv회의 시 공유되고 전파되어 sv활동의 표본이 되었다.

- 점현장 방문 check list 활용 현장점검

- 주차별 집객 road Map 활용 주말집객 진행사항 check

- 수요미팅(주1회 지점장 주간회의)

- 목요공부방(부진사원 육성)

- 지점장 토요 patrol

- 부진점 워크숍 진행

강남특구 지점장 토요 patrol
당시 강남지역 매장은 각 제조사를 비롯한 여러 업종 각계

각층 vip방문이 잦았다. 그리고 진열, 연출, cs에 대한 지적도 많았다. 그래서 별도로 강남지역 몇 점을 "강남특구"로 지정하고 매주 토요일 점심시간에 sv와 지점장들이 모여서 점심도 먹을 겸 주차별로 한 점씩 돌면서 방문하여 진열, 연출, cs사항을 자체 check하고 개선할 점을 방문점 지점장에게 상호 얘기해주고 하면서 강남특구점 자체 개선활동을 지속적으로 시행하였다.

그 활동 이후 vip 및 관계자 방문 시 점포 관련 지적사항은 급감하였다.

사실 위에서 언급한 sv 한 주간의 일정은 일주일 내내 휴일 없이 강행군 되는 일정이다. 거의 쉬지를 못 했다. 사실 주말에도 집에 있으면 불안해서 차라리 도곡점 방카에 나가 있는 게 맘이 편했다(당시 판매현장에서의 sv, 지점장들은 개인휴식보다는 회사 실적을 먼저 챙기고 몸 바쳐 헌신했다).

어쨌든 시간이 지나갈수록 지점장들과의 팀워크는 강해졌고 사원들과의 유대감도 일체가 되었다. 조직력은 그렇게 강하게 형성되었고 실적도 양호하게 나타났다.

그시절 같이했던 강남, 강동 sv지역 지점장들은 지금도 제일 기억에 남는다(동지들이여 다들 잘 계시는가!).

영업현장은 참 다사다난하다.

사실 하루도 그냥 넘어간 적이 없었던 것 같다(특히 강남지역이 그랬다). 필자가 강남, 강동 sv 시절에 휴대폰 배터리 불량사태가 터졌었다.

svc센터가 있는 매장에 제품교환처가 마련이 됐었고 도곡점에서도 순차적으로 고객들에게 정상제품 교환을 해주고 있었다.

그러던 어느 날 도곡점 응대가 불친절하다는 claim이 vip에게 직접 접수되었고 회사에 불호령이 떨어졌다.

vip 친구분이 도곡점에 제품을 교환하러 오셨는데 그때 알바사원이 조금 서운하게 응대를 한 것이었다. 그분은 vip에게 바로 전화를 하였고 이를 보고받은 당시 대표도 sv에게 대노를 하였다.

sv가 직접 도곡점 제품교환대에 앉아서 모든 고객이 교환종료 할 때까지 고객별 교환 list를 일일이 체크하면서 보름 정도 아무 일도 못 하고 그 일만 했었던 쓸쓸한 기억도 있다.

유독 다사다난했던 강남, 강동 sv 시절이었지만 당시의 sv 역할수행 내용은 전사 sv활동의 표본이 되었고 현장실행력을 강화시키는 데 보탬이 되었다고 자부한다.

부, 경지역 특공 T/F활동

삼판근무 20년 기간에 총 9분의 대표와 근무하였는데 마지막 9번째 대표가 오셨다. 갈수록 판매현장은 어려워졌고 경쟁사와의 경쟁도 치열해져 갔다.

특히 부산 경남지역의 판매가 힘들었고 어려웠다. 대표는 그쪽 지역을 살리고자 특공T/F를 구상하였고 필자가 특공TF장으로 낙점이 됐다.

어느날 갑자기 대표실로 불려가 부산, 경남지역의 판매를 활성화 시키라는 특명을 받고 바로 다음날 가방을 싸서 KTX 용산역으로 갔다. 부산행 열차를 기다리고 앉아 있는데 가슴이 답답해져 왔다.

낮인데도 대합실에서 맥주 한 캔을 들이켰다. 그리고 답답한 심정을 존경하는 지사장님께 문자로 전달을 했다. 지사장님은 즉각 답장을 주셨다.

　지금까지의 영업노하우를 충분히 발휘해서 대표 분신이라 생각하고 총대를 메고 자신있게 한번 해보라고 격려해 주셨다.

　그리고 지사장님은 특공TF 끝날 때까지 배후에서 조용하게 관련 부서장들과 임원들을 독려하면서 TF활동에 많은 지원과 격려를 아낌없이 해주셨다.

　일단 부산으로 내려가는 열차에서 문자로 연락하여 부산지역 지점장들을 그날 저녁에 지사로 집합시켰다.

　무엇을 지원하고 힘을 실어주면 되는지 허심탄회하게 토론을 하였다. 그리고 앞으로의 특공TF 활동계획에 대하여 지점장들에게 설명을 하였다.

존경하는 지사장님과 사원간담회

순차적으로 매장을 하나씩 방문하면서 지점장 포함 거의 전 사원들과 1:1 면담을 하였다. 그리고 가장 먼저 하고 싶어 하는 판촉과 우선적으로 지원이 필요한 사항을 수렴하였다.

면담과정에서 사원들의 힘들어하는 상처를 치유하고 격려하고 지원을 약속하였다.

점별 방문내용과 사원들 면담내용 그리고 향후 진행할 각 점별 지원 solution 내용들은 그날 저녁에 정리하여 대표와 본사스탭 주요 임원들에게 하루도 빠짐없이 매일매일 장문의 문자로 동시에 공유하였다.

현상과 대책을 주요 의사결정권자들과 실시간으로 공유하면서 개선지원활동을 진행시켜 나간 것이다(보고와 결재과정이 필요없었다. daily 문자보고로 모든 의사결정을 대체하였다).

그동안의 소형점부터 전사 최대매장까지의 7회의 지점장생활과 치열한 격전지 중심의 3회의 sv현장활동 경험을 기반으로 부, 경지역의 활성화 solution방향은 이미 내 머릿속에 그려져 있었다. 그러나 현장과의 소통이 먼저였고 현장에서 나온 얘기는 한 글자도 빠짐없이 대표와 본사 임원들에게 실시간으로 전달되었다.

중간중간에 대표님도 부산지사 점장회의를 참석하여 TF활동에 힘을 실어 주셨고 부, 경지사장과 부경지역 sv들도 TF활동에 적극 협조를 해주었다.

TF인력도 전사 최고 판매전사(최 차장)가 합류하였고 부, 경지역 출점 전문가(함 차장)도 합류하였다.

특공TF 활동은 크게 3가지로 진행되었다. 나는 부경지역 sv와 지점장들에게 효율적인 매장 오퍼레이팅에 관하여 코칭을 하면서 긴급 판촉활동을 지원하였고 최 차장은 본인이 직접 대구 지점장 시절 전사 최우수사례로 정평이 난 "야쿠르트 발품활동 사례"를 사원들에게 교육하고 실천을 추진시켰다. 그리고 함 차장(출점담당)은 지역별 상권 통, 폐합 및 신규출점 전략등 상권 메니지먼트에 대한 방향을 잡아 나갔다.

매주 월요일 아침 7시에 서울 강남본사에 들어가 대표님과 첫일정으로 한 장으로 정리한 특공TF 활동보고 내용을 놓고 tee 타임을 가졌고 오전 중에 본사스탭 주요 부서장들과 부, 경지역 지원필요사항에 대하여 미팅을 하면서 의사결정을 하였다(당시 대표 이하 본사스탭 부서장들은 특공TF 활동에 아낌없는 지원을 해 주셨다).

그리고 서울지사장님과 점심을 같이하고 바로 부산으로 내

부, 경지역 지역특성화 연합판촉

려와서 부, 경지역 지사장과 sv들에게 본사 미팅내용을 설명
한후에 특공TF 인원들과 현장을 순회하고 지원활동을 계속해
나갔다.

하루하루 활동내용과 현장추진 내용들은 한 자도 빠짐없이
문자로 정리하여 대표와 주요 임원들에게 daily로 전달하였고
이러한 일별 문자보고 내용을 그대로 모아서 특공TF 마무리
시점에 "부, 경 특공T/F 활동보고서"로 작성하였다.

부경지역 특공TF 활동보고서 핵심내용이 2부에서 집중 소
개할 "현장 실행력강화 How to 실천사항"이다.

전사원 참여형 특공판촉

판촉행사 지원도 아낌없이 추진하였다.

특공판촉 전 사원 참여형 사전회의

당시에 매월 큰 판촉비를 투입하여 부산지역 경제살리기 차원에서 지역밀착 판촉행사를 대대적으로 추진하였다.

매장을 방문하면 조회시간부터 저녁 문닫을 때까지 사원들과 같이하면서 소통하였고 지역별 행사시에는 지역담당 sv와 지점장 회의를 별도로 먼저 진행하고 전 사원들을 아침에 지사회의실에 집합시켜 특공판촉 취지를 설명하고 개인별 목표까지 신고받는 전직원참여형 사전판촉회의를 진행하였다.

그리고 난 후에 지역별로 특공판촉행사를 강력하게 추진하였다.

점을 방문하여 미팅을 한 후에는 저녁에 사원들과 함께 소고기 회식을 하였다(사기진작 차원에서 특공TF 회의비는 무한도로 진행하였다). 나중에 비용효율에 대한 얘기도 나왔다.

특공TF 활동은 효율 이전에 부진늪에 빠진 상권의 출구전략으로 motivation과 터닝포인트를 만들어 주는 게 목적이었고 무력감에 빠져 있는 지역점장들과 판매사원들의 사기를 살리는 데 우선 중점을 두었다(효율판촉을 따질거면 특공T/F를 만들지도 않았을 것이다).

그해 여름은 유난히 더웠다.

이렇게 6개월을 부산과 경남지역 전점을 순회하면서 뜨거운 여름을 보냈다. 나는 한여름 더위에 입 전체가 부르트고 특공 TF요원들도 지쳐갔다. 대표는 수시로 특공TF를 독려해 주었다.

어렵던 부, 경지역 판매도 조금씩 활기를 띄었고 시황을 극복하려는 사원들의 의지도 전체적으로 살아나기 시작했다.

그렇게 6개월에 걸쳐 부산, 경남지역 전점 활성화 판촉과 점포 오퍼레이팅 지도활동이 끝날 때쯤 충청지역, 전남지역 sv들로부터도 특공TF 지원요청이 들어왔다.

대표는 충청을 먼저 지원하고 전남지역까지 TF활동을 이어나갈 것을 지시하였다.

충청지역을 한 달 정도 순회하고 있을즈음 갑자기 어느 날 아침 대표로부터 전화가 걸려왔다.

지역별 특공TF 활동을 일시 중단하고 본사로 복귀해서 "전사백화점 경쟁력"을 집중적으로 개선시키라는 미션을 새로 부여 하였다. 최 차장과 나는 비가 억수로 오는 어느 날 또 답답한 가슴을 안은채 부산에서 서울로 최대한 천천히 운전을 해서 올라왔다.

매장방문 현장 조회시간

백화점 경쟁력
개선활동

백화점 리테일그룹장으로 발령이 났다.

그리고 전국 최대격전지 강남본점 지점장을 역임했던, 현장 경력이 풍부한 명실공히 전사 최고 팀장이 백화점 팀장으로 동시에 발령이 났다. 당시 백화점은 전국 80여 개 매장에서 경쟁사와 치열한 경쟁력 싸움을 하고 있었다.

백화점 고객은 단골고객VIP도 있지만 백화점 행사정책(상품권 할인율)의 강도에 따라 전국의 혼수수요가 몰려드는 현상이 심했다. 젊은 혼수고객들은 유목민처럼 백화점 오픈점(신설 또는 리뉴얼) 판촉행사점을 찾아 다녔고 계약과 취소를 반복하였다.

백화점 판매사원들은 정말 최고의 판매전사라고 생각한다. 치열한 판매접점에서 바로 옆에 있는 경쟁사 매장과 365일을 경쟁환경에서 판매를 해야 한다. 하루하루 일판매 실적과 경쟁력 마감실적이 daily로 보고되고 분석된다.

백화점 리테일 그룹장으로 발령난 시점에 당사 백화점 경쟁력은 경쟁업체에 지고 있던 상황이었다. 어떻게 하면 백화점 경쟁력을 다시 뒤집어 놓느냐가 관건이고 미션이었다.

특공TF를 같이했던 최 차장과 함께 또다시 전국 백화점매장을 방문하고 현상을 파악하고 지점장과 사원들을 격려, 지도하는 활동을 줄기차게 해 나갔다.

특히 부산, 경남지역 소재 백화점들 대상으로는 "부경독전"이라는 타이틀하에 최 차장 발품사례를 다시금 접목하였다. 백화점 내 입점해 있는 매장을 대상으로 전사원들이 꾸준하게 "야쿠르트 발품활동"을 진행하여 백화점 내 이업종 전체 근무사원들을 우군화 시키면서 당사 연결판매를 유도하였다.

그리고 그동안 하지 않았던 백화점 정규직원들 대상 "직원 사내판매"도 분기 1회 정기 시행하였다.

2년간에 걸친 백화점 리테일그룹장 기간 동안 결국 지고 있던 경쟁력을 동등 이상으로 반전시켰다.

물론 백화점부문에 대한 전사적인 지원과 차별화 정책의 영향이며 또한 무엇보다 판매접점에 있는 백화점 지점장들과 판매사원들의 피나는 노력의 결과였다.

　백화점 지점장은 당사 정책뿐 아니라 백화점 측 정책지원도 우호적으로 선점해야 한다. 사실 백화점 실판매는 상품권 정책에 좌우된다고 해도 과언이 아니다.
　할인율에 있어서 기본적인 우위를 점해야 하고 거기에 판매사원들의 상담결정력이 필요하다.

　수많은 백화점 행사판촉(정기세일 외 각종 시즌, 이슈세일과 신설 오픈판촉, 리뉴얼 오픈판촉 등)을 경험하면서 백화점 행사판매의 이기는 공식을 터득하게 되었다.

[백화점 행사판매 이기는 공식]

기본적으로 3가지 조건이 충족되야 한다.

행사 정책율(할인율)은 경쟁사와 동등수준이라 가정한다.

① 행사장 space가 더 넓어야 한다.

② 상담테이블 수가 더 많아야 한다.

③ 판매 상담인력이 더 많아야 한다.

　백화점에 발령받고 첫 행사점에 나가 보았다.
　당사는 리뉴얼 오픈판촉을 시작하였고 경쟁사는 기존매장

에서 장사를 지속하고 있는 상태였다.

리뉴얼 오픈이라 진열과 인테리어는 대폭 개선되었으며 백화점으로부터 행사정책을 받았고 판매사원들도 인근점에서 인력지원이 되어 있었다. 문제는 상담테이블이 턱없이 부족하였다.

그냥 매장도면에 나와 있는 평상시의 상담테이블 정도만 놓고 행사를 진행하고 있었다. 부랴부랴 상담테이블을 두 배로 늘렸다.

리뉴얼 오픈행사 홍보로 고객이 몰려들어도 앉을 곳이 없으면 고객은 상담대기를 해야 한다.

그러면 고객은 자연스럽게 바로 옆집 경쟁업체 매장으로 흘러가게 되고 비용 들여 집객은 우리가 하고 대응판촉만 하는 경쟁사만 좋은 일 시키는 것이었다. 행사판촉을 할 때는 예상되는 내방고객 피크수준의 접객숫자를 계산하고 준비해야 한다.

첫째는, 고객을 바로 접객할 수 있는 판매사원 숫자를 준비해야 하고 둘째는, 고객을 앉혀서 상담할 수 있는 판매사원 수만큼의 full 상담 테이블이 준비되어 있어야 한다.

셋째는, 상담 테이블을 충분히 설치할 수 있는 행사장 space를 확보해야 한다. 매장공간이 좁으면 인접한 장소에 행사장 space를 추가해서라도 확보해야만 한다.

　백화점 판촉행사는 양사가 최고의 정책을 준비하고 대대적으로 홍보집객을 하기 때문에 전국에서 혼수고객 입주고객, 이사고객, 구매 대기고객과 기존의 VIP고객들이 일시적으로 몰려드는 추세이다.

　경쟁사보다 접객인원이 적고 상담 table이 적고 행사 space가 좁으면 백화점 행사판매는 백전백패이다.

　따라서 백화점 행사판매를 이기려면 무조건 상기 3가지를 기본적으로 경쟁사보다 더 확보하고 경쟁을 시작해야 이길 수 있다.

　장사를 잘하는 백화점 지점장은 사원별 상담시간, 성공률, 객단가를 사전에 치밀하게 계산해 보고 예상 판매금액을 추정한다. 혼수고객 평균 상담시간이 2시간이면 판매사원 인당 max하루 상담건 4건, 평균객단가 10백만 잡으면 1명의 사원이 하루에 4천만 원을 판매할수 있다.

　행사인력이 20명이면 상담성공률 100%일 경우 일판매는 8억이 된다. 상담성공률이 60%이면 4억8천만 원이고 성공률 50%이면 4억이 된다.

　지점장은 일내방 고객수, 접객가능 고객수, 상담성공률, 예상객단가를 치밀하게 계산하여 판매예상 금액을 추정하고 접객 시 발생할 수 있는 여러 가지 경우의 수를 사전에 준비하고 사원들에게 행사판매 사전교육을 시켜야 한다.

$$판매 = 내방객 수 \times 접객율 \times 성공률 \times 객단가$$

2부에서 주구장창 얘기할 불변의 소매영업 기본공식이다. 판매 skill이 우수한 사원은 상담시간이 짧고 접객율이 높다. 성공률도 높고 객단가도 높으면 정말 최고의 판매사원이다.

지점장은 사원별 목표를 설정할 때 사원별 평균 성공률과 객단가를 감안하여 인당목표를 부여하고 판매를 독려해야 한다.

백화점은 판촉행사가 열리는 주말판매 비중이 매우 높다. 그래서 비행사 기간, 주중 판매건은 해약율이 높다. 백화점 간 경쟁도 치열하고 같은 백화점일지라도 점포 간의 경쟁도 심하다.

모든 것이 치열한 경쟁관계 속에서 백화점 리테일그룹장 시절은 "경쟁력" 하나만 보고 2년이라는 시간이 흘러갔다. 판매사원 습관을 한 가지 고치려면 똑같은 얘기를 1년 동안 귀에 못이 박히도록 반복해야 겨우 한 가지 습관이 바뀐다고 한다.

백화점 그룹장 시절 내내 똑같은 얘기를 무던히도 하고 다녔다.

1. 백화점내 발품활동, 2. 일일목표달성(주중. 주말), 3. 눈에 보이는 가망고객관리가 그것이었다.

백화점 경쟁력 개선을 위한 "부경독전"의 실천사례를 전국 백화점 전 사원에게 확대시키고 앵무새처럼 얘기하고 다녔다.

팀장을 중심으로 전체 팀원들의 피나는 노력이 있었고, 결과적으로 지고 있던 경쟁력이 당사 우위로 개선되어 2년동안 같이했던 백화점 동료들에게는 지금도 더없이 고마운 마음을 가지고 있다. 다들 합심하여 무척이나 노력했던 기간이었다.

그렇게 시간은 흘렀고 그 와중에 또 코로나19 사태가 터져서 백화점 영업에도 많은 우여곡절이 있었다.

코로나환자 1명이 발견되면 백화점 매장 전체를 폐점 시키고 소독을 하기도 하였다.

다들 힘들고 어려웠으나 "백화점 경쟁력 우위달성"이라는 한 가지 목표를 향해 정말 혼연일치되었던 "독전판매" 시기였다.

33년 영업여정에 대한 회고

필자는 삼성전자 특판 전문가였고 동시에 소매영업 전문가이다.

비록 가전업계에 국한된 얘기지만 국내영업에서 도, 소매를 동시에 경험한 보기 드문 경력의 보유자이다.

특히 삼성전자판매가 소매영업 체계를 정립할 시점에 일본 선진유통으로부터 노하우를 배워오는 과정에서 선봉의 역할을 수행하기도 하였다.

그리고 판매일선에서도 지점장, SV역할을 수차례 수행하였고 본, 지사 스탭역할도 다채롭게 수행하면서 이론과 현장의 양면적 오퍼레이팅 노하우를 다각적으로 체험하고 습득하였다.

정말 혼신을 다하여 조직에 충성하고 영업목표달성에 매진하였다.

직장생활 정년까지 오는 과정에서 포기하고 싶은 순간도 많았다.

그러나 회사를 믿고, 조직력에 의지하고, 동료들과의 동지애로 여기까지 올 수 있었다.

영업맨 특유의 긍정적 마인드로 위기가 있을 때마다 고비를 극복하였으며 최대한 상, 하, 수평 조직원들과 끊임없이 소통하고 대화하면서 어려울 때마다 현장에서 솔루션을 찾아냈던 것 같다.

그리고 일을 할 때는 매우 주도적이고 공격적으로 하였으며, 불려 다니고 끌려 다니는 식으로 하지 않았다.

어차피 할일인데 내가 주인이고 의사결정권자라고 생각하고 독하게 일을 추진해 나갔다.

처음 시도하는 일들에 솔선하여 자원하였고 주어진 미션은 불만없이 일단 매진하고 보았다. 때로는 미숙하고 과욕이 넘쳐서 일을 그르치고 실수를 하여 징계를 몇차례 받기도 하였지만 두 번 다시는 같은 실수를 하지 않으려고 노력하는 모습에 회사는 또 다른 기회를 주었다.

특히 나는 윗분들에게 아부나 아첨으로 잘 보이려고 하기보다는 후배들에게 진정성을 가지고 잘하려고 노력하였던 것 같다.

사심 없이 회사와 동료를 위하여 묵묵히 자기역할에 충실하는 후배들을 보면 동질감을 느끼고 아낌없이 공조하고 협력하였다.

반대로 그렇지 못하고 개인주의적이고 영업에 맞지 않는 자질의 후배들에게는 업무적인 측면에서 무척 모질게 대하기도 했었다.

그렇게 인생의 절반 이상을 영업활동에 바쳐 살아 오면서, 우리가 그토록 알고자 갈구하는 소매영업의 정답은 무엇일까를 다시금 생각해 본다.

어떻게 하면 단골을 늘리고 장사를 잘하고 목표를 초과달성할 수 있을까?

그것들을 모두 달성할 수 있는 루틴은 무엇일까?

국내가전 실전 소매영업 20년을 통하여 경험하고 실천하면서 정립한 내용은 2부에서 소개하고자 한다.

RETAIL BUSINESS

현장 실행력강화
How to 실천사항

2부에서는 가장 기본적이면서 핵심적인 매장 오퍼레이팅 실천사항을 주로 지점장 관점에서 집중적으로 기술하고자 한다. 소매영업 매장의 실행력을 극대화시키기 위한 필수 실천사항은 다음의 5가지로 압축할 수 있는데 이를 조금 더 상세하게 풀어서 설명하고자 한다.

① Cs 마인드 구축

② 사원육성

③ 집객활동

④ 가망고객 관리

⑤ 목표달성

그리고 상기 필수 실천항목에 충실하여 기록적인 판매실적을 보여준 대표적인 Legend 실전 판매사례 3가지를 상세하게 소개할 것이다.

지점장이 실행력을 만들어 낸다

판매현장의 궁극적인 존재이유는 목표달성이다.

판매일선에서 주어진 목표를 달성해야 조직의 모든 기능들이 선순환되고 조직의 구성원들이 생존할 수 있다.

그리고 그 조직의 목표를 달성하기 위해서는 현장 실행력이 100% 발휘되야 하고 그 실행력 구현을 최일선에서 책임지고 있는 사람이 바로 지점장이다.

지점장은 영업의 꽃이다.

본, 지사의 모든 스탭은 현장을 지원하기 위해 존재하는 부서이고 영업조직의 최일선에서 판매현장을 진두지휘하는 자는 지점장이다.

지점장의 Mind와 소매실력은 그 회사의 가치이며 자산이다. 사원들도 지점장의 모습을 보면서 성장하고 사원들의 비전이 존경하는 지점장의 모습이 되어야 한다.

얼마나 지점장에게 권한과 책임을 부여하고 지점장 중심으로 움직이느냐가 그 영업조직의 성패를 결정한다고 생각한다. 지점장을 우습게 보고 지점장의 위치를 가볍게 여기는 조직은 영업지향적인 조직이 아니다. 그만큼 현장 실행력은 떨어질 것이고 지점장이 수동적으로 움직이는 영업의 결과는 누구도 만족할 수 없는 것이 될 것이다.

영업조직의 목표를 달성하고 어려운 시황을 돌파하여 생존해 나가는 조직을 만들고자 한다면 본지사의 모든 스탭들은 현장지향적 mind로 지점장 중심의 강력한 영업 메커니즘을 형성해야 한다.

20년 소매영업 경험에 기반한 솔직한 필자의 의견이다.

필자도 지점장 생활을 일곱 번 수행하면서 매장의 사원들과 팀워크를 구축하고 매장 오퍼레이팅을 협력하고 그 결과로 기대 이상의 판매성과를 만들어 냈던 경험이 있다.

다시 강조하지만, 어느 업종을 불문하고 장사를 잘하는 조직이냐의 여부는 현장 실행력에 달려 있다. 현장 실행력을 책임지고 수행하는 자가 바로 지점장이다.

지점장들이 강한 오너십을 가지고 판매현장을 끌고 가야 모두가 이기고 살아남을 수 있는 조직이 될 수 있다.

판매현장에는 구체적인 실천지침이 필요하다

영업조직은 숱하게 많은 AS IS → TO BE 분석과 부진 개선을 위한 다각적인 노력을 하지만 정작 판매현장에서 실천해야할 how to 실천사항을 명쾌하게 제시하기에는 여러 면에서 부족하다.

매년 연초에 진행하는 판매전략회의에서는 지나간 수년간의 전략내용을 말만 바꾸어 재사용하기도 하고, 개념적이고 이념적인 그럴듯한 용어들로 전략을 짜곤 한다.

그리고 전략 발표가 끝나면 그대로 덮어두고 또 현실의 문제들을 쫓아가면서 하루하루의 일목표에 매달리게 된다.

경영진 Top의 생각과 열정이 판매현장의 모든 판매사원들에게까지 온도차 없이 그대로 전달되면서 판매현장에서 구체적으로 움직여야 할 실천사항들이 명쾌하고 detail하게 공유된다면 얼마나 좋을까.

대표의 열정은 120도로 펄펄 끓고 있는데 본, 지사 스탭을 거쳐 sv와 지점장들에게 전해지는 온도는 70~80도로 떨어지고 최종 판매사원들이 느끼는 온도는 40~50도로 미지근해진다면 그 조직의 실행력과 out put은 늘 기대이하가 될 것이다.

사원들이 알고자 하는 것은 그럴듯한 전략용어가 아니고 "그래서 무엇을 어떻게 하라는 것인가"에 대한 detail한 실천지침이다. 중간에서 지점장이 이것을 명쾌하게 전달하고 가르치고 실천하도록 같이 움직여야 한다.

그리고 sv는 그러한 지점장들의 움직이는 방향이 맞는 것인지를 확인하고 제대로 뜨겁게 온도차 없이 움직이고 있는지를 철저하게 관리감독 해야 한다.

필자는 본지사 스탭은 물론 sv, 지점장을 수차례 경험하면서 현장의 판매사원들과 평생을 소통하였다. 그러면서 하루하루 일목표와 월목표를 달성하기 위한 주차별 집객활동을 몸서리치도록 많이 해보았다.

지금부터 풀어 나가는 얘기들은 이러한 과정에서 필자가 100% 수행하고 체험하였던 현장실천의 fact 사항들이다.

현장 실행력을 up시켜 목표를 달성하기 위한 필수 오퍼레이팅 실천사항 "그래서 무엇을 어떻게 하란 말인가"에 대한 구체적인 행동지침. 모든 영업조직이 꾸준하게 그리고 지속적으로 실천해 가야 할 필수항목들을 풀어가 보도록 하겠다.

영업에 왕도는 없다.

모두가 알고 있는 필수 실천사항들을 speedy하게 detail하게 그리고 꾸준하게 지속적으로 행동해 나가는 것이 영업조직의 perfomance를 극대화시키는 길이다.

그리고 그 역할수행의 중심에 지점장이 있어야 한다.

Retail(소매) = Speed × Detail × Persistence(지속성)

소매영업에 대한 필자의 경험적, 체험적, 실천적 생각이다.

①
소매영업은
Cs마인드에서 시작된다

소매영업의 가장 기본적인 기초공사가 Cs 마인드 구축이다. Cs 마인드 구축은 "고객에 대한 정확한 인식"과 "사원들의 역할인식"이 선행되야 시작될 수 있다.

고객에 대한 정확한 인식

CScustomer satisfaction라는 용어의 뜻은 고객만족이다.

고객을 만족시키려면 고객에 대한 인식부터 명확히 해야 한다. 고객을 한자로 쓰면 顧客이다. 고顧의 의미는 되돌아볼 고이다. 즉, 되돌아보고 다시 방문하는 손님. 그것이 고객의 진정한 의미이다. 영업조직에서 손님을 말할 때는 고객과 그냥 손님을 구분해야 한다.

한 번 오신 손님이 다시 오셔야 그분이 "고객顧客"이 된다. 한 번 이상 안 오시는 손님은 그냥 지나가는 손님 과객過客이다. 우리 매장에 한 번 오신 손님은 반드시 다시 오게 만들어야 한다.

그런데 한 번 오신 손님이 만족을 하셔야 다시 오실 수 있다. 불쾌하고 기분 나쁜데 다시 오겠는가. 한 번 오신 손님이 만족을 하시고 다시 오셔야 "진정한 고객"이 되고 그렇게 그 손님을 만족시키는 일이 바로 사원의 역할인 것이다.

즉, cs활동은 한 번 오신 손님을 만족시켜서 반드시 다시 오시게 하여 진정한 고객을 만드는 전반적인 활동을 말한다.

우리 매장에 손님을 한 번 오시게 하려면 돈이 얼마나 들어가는지부터 생각해 봐야 한다.

우선 매장을 만들어야 하고(건축비 or 월세, 보증금, 인테리어 비용 투입), 상품진열을 해야 하고, 판매시스템을 구축하고, 판매사원을 채용해야 하고 기타등등 가전매장의 경우 수십억에서 수백억의 비용이 투입이 된다. 회사가 막대한 비용을 투입해야 한 명의 손님이 우리 매장에 들어 올 수 있게 되는 것이다.

따라서 손님은 사원 개인의 손님이 아니고,
 – 회사의 투자의 대상
 – 회사의 자산
 – 회사의 보물이다.

즉, 손님을 기분 나쁘게 하는 것은 회사의 보물을 훼손하는 범죄행위라는 것을 인식해야 한다.

우리 매장에 오시는 고객은 그냥 아무 생각 없이 시간을 때우려고 오시는 분은 거의 없다. 반드시 언젠가는 구매를 전제로 하는 목적을 가지고 오시는 분이다.

어떤 상품을 누구에게 어떻게 살 것인가.

고민과 스트레스를 가지고 매장을 방문하는, 회사가 엄청나게 투자한 "회사의 자산이자 보물"이다.

내 돈을 투자했다고 생각해보자. 내가 월급 주고 고용한 사원이 cs가 안 되고 불친절하게 해서 손님을 내보내고 있다면 어떻게 할 것인가?

cs mind 교육이 제대로 안 되어 있는 매장의 사원들이 손님을 대하는 착시현상들은 아래와 같다.

- 손님을 사원 개인손님으로 잘못 인식
- 손님을 장사의 수단, 돈 벌어가는 대상으로 인식
- 나의 감정이나 기분에 따라 막 대해도 되는 대상으로 인식

판매현장(매장)에서 철저하게 금해야 할 행위는,

- 인사 안 하고
- 신속응대 안 하고

- 소물고객 방치하고(손님 가려서 응대)
- 적극적으로 상담 안 하고
- 판매하는 제품을 잘 모르고
- 한 번으로 끝나는 불친절한 장사를 하는 행위

상기 내용은 cs가 안 좋은 사원들에 대한 VOC(고객의 소리) 대표적인 내용들이다.

사원역할 인식: 사원의 존재이유

판매사원들은 사원의 역할인식을 제대로 해야 한다.
- 손님의 고민을 잘 풀어 드리고 만족시켜서 반드시 다시 오시게 하는 것
- 단골고객을 많이 만들어서 자신의 목표를 필히 달성하 는 것

회사는 막대한 비용을 투입하여 한 분 한 분의 고객을 매장에 오시게 하는데 사원들은 고객의 존재가치를 제대로 인식 못 하고 마치 자신의 개인장사이고 개인손님으로 생각하고 불친절하게 손님을 대하고 있는 조직은 소매영업의 기초공사가 안 되어 있다고 봐야 한다. 당연히 매장 내방객은 갈수록 줄어들 것이고 실적도 좋을 리가 없다.

우리 매장에 일단 발을 들여놓는 모든 손님은 "회사의 고객이고 자산이고 보물"이다. 판매사원의 존재이유는 그분들의 고민거리를 풀어드리고 만족시켜서 구매를 하도록 하는 조력자의 역할이다.

　필자는 cs 정신교육을 시킬때 사원의 역할에 불충실하여 발생된 본인에 대한 voc(고객의 소리) 내용을 그대로 본인 입으로 읽게 하였다.
　그리고 본인에게 다시 물어본다. 당신이 매장 주인이라면 그 사원을 어떻게 할것인가?

　10명이면 10명 모두 그 자리에서 해고시킨다고 똑같은 대답을 한다.
　그러면 회사는 cs가 안 되는 사원을 어떻게 해야 하는지 다시 물어보면 한참 동안 어색한 침묵이 흐른다.

　지점장은 본인이 책임지고 있는 매장의 사원들에 대하여 기본적인 cs mind 교육을 최우선시해야 한다.
　전 사원이 사원의 기본역할에 충만해 있도록 해야 한다.
　조회시간에 판매실적을 보기 전에 cmi에 나오는 voc 내용을 먼저 공유하고 반드시 원인과 대책을 상기시키고 엄격하게 정신교육 시켜야 한다.

Cmi(cs monitoring index, 고객 만족도 지수)

– 구매고객 대상으로 만족도 조사를 하여 점수화시킨 것

– 매장만족도, 사원만족도, 배송만족도 등 고객의견을 청취

Nps(net promoter score, 순 추천지수)

– 구매상품의 타인 추천의향을 묻는 방법으로 점수화시킴

– Cmi를 대신하여 현재 고객 구매만족도를 측정하는 수단임

[판매실적은 사람에 따라 기복이 있을 수 있으나 cs전선에 이상이 있는 것은 절대 용납해서는 안 된다]

지점장과 전 사원이 철저하게 cs mind로 무장이 되어 있어야 비로소 소매장사는 시작이 될 수 있다.

필자가 소매영업을 하면서 사원들에게 강조한 cs mind이다.

장사란 무엇일까?

– 고객의 입장에 서서 고객의 고민사항을 이해하고 해결해 드리는 것

– cs본질을 잘 이해하고 사전준비하여 고객에게 맞는 "효용과 가치"를 제공해 드리는 것

– 고객의 목적을 우선적으로 달성케 해드리고 동시에 판매자의 목적도 달성하는 win win 활동

고객을 대하는 마음자세

- 고객의 시선도 자르지 말고 그림자도 밟지 마라(고객이 상품을 보고 있을 때는 앞을 지나지 말고 뒤돌아 가라)
- 고객보다 낮은 자세로 올려보면서 상담한다(고객이 앉아 계시면 위에서 내려보면서 상담하지 마라)
- 고객과 마주보지 말고 고객과 같은 방향을 보고 상담하라(고객을 상대로 팔려고 하지 말고 고객의 시선으로 어떤 상품을 구매할 것인지 같이 고민하라)

완전판매完全販賣 개념으로 무장하라

내가 판매한 상품이 이 세상에서 없어질 때까지 고객과 상품을 care해 드려야 한다.

매장에 상품을 진열하는 마음자세

- 이 세상에서 제일 소중한 딸 자식을 시집보내는 부모의 마음으로 상품을 진열대에 예쁘게 진열시키고 관리하라.
- 진열공간에 빈자리를 방치하는 것은 비싼 매장의 회사 투자비용에 손실을 끼치는 행위이다.

장사를 잘하려면

- cs개념을 정확히 이해하고 cs에 기반된 장사를 해야 한다. (기본예절 + pvi(제품지식) 공부 + 정책숙지)

- 판매는 장사의 끝이 아니라 시작start line이다.
- 믿음과 신뢰를 남기는 장사가 오래간다.

그리고 cs본질에 대하여 귀에 못이 박히도록 강조하고 또 강조하였다.

cs본질은 고객만족에 있다

- 우리 회사의 cs본질은 "좋은 가전제품을 좋은 가격에 기분좋게 구매하도록 도와드리고 그 제품을 오래오래 잘 사용하게 도와드리는 것이다".
- cs본질에 충실하고 고객을 만족시키기 위해서는, 표준접객 MOT 7단계에 훈련되어 있어야 하고 제품지식과 판매정책을 정확히 알고 있어야 가능하다.

☞ 표준접객 mot 7단계

- 고객과의 상담과정을 맞이인사, 관계형성, 니즈파악, 제품설명, 구매결정, 고객배웅, 사후관리 7단계로 구분하여,
- 각 단계별 상담기법을 표준화시킨 내용으로 cs 기본예절에 입각하여 고객만족도를 최대한으로 향상시키기 위한 내용임
- 이를 7분 동영상으로 제작하여 전 사원들에게 배포하고 그대로 따라서 상담할 수 있도록 상시 R/P 체득화 시켰던 내용임.

[표준접객 MOT 7단계, 각 단계별 주요 포인트]

- 맞이인사: 개인별 준비사항(용모, 복장, 향수 등)

  고객맞이 대기자세(얼굴 미소)

  자연스러운 맞이인사, 신속응대

  맞이인사말(용어) 표준화

- 관계형성: small talk(날씨, 내방불편, 주차불편 등 문의)

  차 접대 여부 문의 등

- 니즈파악: 문진상담기법(2:8화법 경청)

  기존 사용제품 불편사항 문의

  상품 주 사용자 필요사항 문의

  예산, 설치요구시기, 배송 시 특이사항 등

- 제품설명: 철저한 제품공부(pvi, usp) 선행

  비교모델 특장점 설명, 경쟁상품 비교설명,

  자세, 손짓, 용어선택 표준화

  자연스럽게 제품 실연, 체험을 유도

- 구매결정: 철저한 판매정책 숙지(정책 full활용 최저가 제시)

  상담테이블에 앉히고 상담하기

  금융상품 연계설명 구매혜택 극대화

  탁월한 선택 강조, 구매결정에 신뢰감 형성

- 고객배웅: 문밖 3보 배웅(핸드캐리제품 사원휴대 배웅인사)

  명함 필전달(매너통일)

- 사후관리: 당일 필 구매감사문자 발송

  3.1.3.1실행(배송, 설치 과정관리)

  고객 재내방 유도(2차 가망관리)

②
Cs수준이 그 회사의
연봉을 결정한다

고객을 생각하는 Cs 마인드, 그리고 사원들의 체질화된 cs 접객 수준이 그 회사의 매출로 나타나고 사원들의 연봉수준을 결정한다.

우리는 애플이라는 회사를 동경하고, 일본의 데오데오라는 회사에서 가전 소매영업을 배웠다.

"애플스토어를 경험하라" 책을 보면 애플 사원들은 고객에게 제품을 판매하지 않고 고객을 감탄하게 만든다고 한다. 애플은 제품을 통해서 고객과 소통하고 고객 스스로 특별한 존재임을 느끼도록 한다.

애플의 철학은 "고객의 삶을 풍요롭게" 만드는 것이다.

일단 애플 매장에 들어오는 고객은 새로운 체험을 하면서 특별한 대우를 받는다는 느낌이 들도록 한다. 고객들이 스스로 이런 느낌이 들도록 하는 사원들의 체질화된 접객 스킬은 무엇인가?

"고객의 마음의 시간을 되돌리는 접객 방법"에 모든 사원들은 훈련을 받는다. 자유롭게 제품을 체험해 보도록 하고 기다리는 고객이 없도록 전 사원들이 세심하게 고객을 살피는 것이다.

상담을 하면서도 주변에 오래 기다리는 고객이 있으면 잠깐 가서 조금만 더 기다리시라고 멘트를 하고 다시 상담에 임한다.

모든 사원들이 주변의 기다리는 고객에게 세심한 배려를 보이고 또 다시 본인의 상담고객에게 충실하게 상담하는 것이다.

매장에 들어와서 1시간을 기다리는 고객에게 얼마나 기다렸냐고 물어보면 10~20분 정도 기다렸다고 대답한다. 고객이 느끼는 마음의 시간을 거꾸로 돌려 놓는 접객 스킬이다.

기다리는 고객을 방치하고 본인의 할 일만 하는 사원이 없도록 전 사원의 접객습관을 체질화 시키는 것이다.

일본의 데오데오도 신입연수 과정부터 모든 기존 사원들에게 명확하게 접객 mind를 가르친다.

"기구바리氣くばり**, 매구바리**目くばり**, 오모이야리**思いやり**"**가 그것이다.

직역하면 기를 나눠주고 눈을 나눠주고 마음을 써준다는 의

미인데 의미는 애플의 "고객의 마음의 시간을 되돌려라"와 다를바 없다.

모든 고객에게 세심한 배려와 관심을 가지고 고객의 구매하는 것을 care하라는 의미이다.

그리고 한 번 판매한 제품은 그 물건이 이 세상에서 없어질 때까지 care한다는 개념의 완전판매完全販賣 정신을 가르친다.

cs혁신그룹장 시절 우리회사의 접객정신은 무엇이어야 하나 부단히 고민하였다.

고객의 의미를 다시 새기고 사원의 역할을 제대로 인식하고 고객이 진정으로 만족하고 감동하는 cs본질에 충실하고자 노력하였다.

고객은 좋은 제품을 좋은 가격에 기분좋게 사서 그 제품을 오랫동안 잘 사용하면 매주 만족한다.

그렇게 구매하도록 도와드리고 구매한 제품의 효용과 가치를 극대화시키고자 노력하였다.

그러한 정신을 담아서 접객의 표준행동을 만든 것이 "표준접객 mot 7단계"이며 그것을 동영상으로 제작하여 전 사원들에게 배포하고 반복적인 r/p를 통해 체질화 시켰다.

그리고 cs강사 현장 partol을 통하여 지속적으로 점검하고 또 확인하였다.

　상품의 효용과 가치를 제대로 전달하기 위하여 사내방송시 스템을 구축하고 정기적으로 pvi 교육을 하였고 sv를 통한 지역 공부방 활동을 활성화 시켰다.
　전국의 cmi 부진사원들은 매월 직접 집합 대면교육을 통하여 혹독하게 mind 교육을 시켜 cs의식을 개조시켜 나갔다.
　대표부터 전국의 모든 사원들이 일심동체가 되어 cs 개선활동을 홍역을 앓듯이 cs앓이를 몇 년에 걸쳐서 진행하였다.

　cs수준이 그 회사의 매출을 결정하고 사원들의 연봉수준을 결정한다. 우리 회사가 애플이나 일본의 데오데오 사원들보다 연봉을 더 받으려면 cs수준이 그들을 뛰어넘는 수준으로 체질화 되어야 하고 고객들에게 전달되어서 고객을 감동시키고 감탄시켜야 한다. 고객을 위한 cs감동은 결국 메아리가 되어 다시 우리에게 돌아올 것이다.

　cs는 "오크통의 법칙"이 적용된다. 모두가 완벽해도 나 하나 cs가 부실하면 전사의 cs가 내 수준이 되어버린다. 9건의 판매와 cs가 완벽했어도 1건의 cs가 부실하다면 우리 회사의 cs수준 전체를 그렇게 판단하게 된다.

판매현장의 cs 실천사항을 재정리하면,

1. Cs mind 구축(고객인식, 사원역할 인식 무한반복 정신교육)

2. 매일 아침 조회 시 nps 고객 voc 확인(즉각적인 개선실천)

3. 표준접객 mot 7단계 체득화(친절상담, 제품공부, 정책공부)

재차 강조하지만, cs mind 구축은 모든 영업조직의 기초공사이자 기본토대이다.

일시적인 cs상태가 아니라 지속적이고 영구적인 cs를 전 사원이 철저하게 진행해야 한다.

강력한 판매사원 육성
– "상품담당제" 운영

지점장 3대 역할 중 첫 번째가 사원 육성이다.

지점장은 실행력과 판매력이 강한 사원을 육성해야 한다.

사원육성을 어떻게, 어떤 방법으로 할 것인가는 판매업종에 따라 많은 차이가 있을 것이다.

가전매장을 중심으로 사원육성에 대한 방법론을 실제 경험에 기반하여 설명하고자 한다.

일본 선진유통 데오데오에서 배워온 내용을 토대로 삼성 가전매장에 맞게 정리하여 사원육성에 활용하였던 방법은 상품담당제와 기능담당제 운영을 통한 사원육성이다.

사원육성은 말로만 해서는 안 된다. 집합시켜서 이론교육을 시킨다고 되는것도 아니다. 업무수행 과정을 통하여 본인이 스스로 성장하고 실력이 level up 되도록 해야 한다.

아주 구체적인 업무 role을 분담하여 역할을 부여하고 제대로 실천하도록 코칭을 하는 것이다.

지점장은 사원별로 담당품목을 매우 구체적으로 detail하게 지정해 주고 담당품목에 대하여 아래 5가지 기본역할을 수행할 수 있도록 역할수행 과정을 코칭하고 관리감독 해야 한다.

상품담당제 5가지 기본역할

1. 품목별 목표관리

    – 담당품목 판매추이 분석 및 목표 진척도 관리

2. 재고관리

    – 담당품목 sku(stock keeping unit) 운영.

      부진, 단종, 비회전재고 소진 및 적정재고 유지

3. 상품지식(pvi : product value innovation) 전달.

    – 신상품 usp(unique selling proposition) 전달.

      경쟁유통 비교설명

4. 품목정책 전달

    – 주중, 주말, 월정책, 시상정책 등 수시check 및 공유

5. 진열, 연출(실연), 청소

    – 담당상품, 담당코너 진열area 청결상태 상시유지

제품을 잘 판매하기 위해서는 제품지식과 판매정책은 기본적으로 철저하게 무장하고 있어야 한다.

판매상품에 대하여 고객보다 모르고 있거나 해당품목의 판매정책을 잘 모르고 있으면 고객과 대화도 안 될 뿐 아니라 다른 유통, 다른 매장, 심지어 같이 근무하는 같은 매장의 사원보다 판매가격이 높을 수밖에 없다.

고객은 사원과의 상담과정에서 신뢰를 느끼지 못하면 상담은 실패로 돌아가고 사원 개인의 판매실패로 끝나는 것이 아니라 매장 전체의 판매기회 손실임과 동시에 같이 근무하는 동료 사원들에게도 성과급 저하라는 간접적인 피해를 끼치게 된다.

제품지식과 판매정책은 판매사원들의 아주 기본적인 필수 무장사항이다. 개인별 판매력의 차이는 상품지식과 판매정책의 활용력 차이에서 온다.

장사를 잘하는 사원은 상품지식과 정책의 활용도가 매우 높다.

우수판매 사례는 거의 다 고객과의 친화력cs, pvi와 정책의 절묘한 활용력에 기반한다.

사원들은 담당품목에 대하여 회사 메일로 전달된 교육자료를 기반으로 사전에 학습을 하고 요일별 pvi방송을 필히 시청

해야 한다.

개인적인 열정이 있는 사원들은 홈쇼핑에 나오는 경쟁사 제품 방송까지 시청하고 자신만의 비교설명 시나리오를 만들어서 고객에게 설명한다.

쉬는 날에 시간을 내서 wife와 함께 경쟁유통 매장을 돌아다니면서 경쟁유통의 판매사원이 어떻게 설명하는지를 미스테리 쇼핑하고 자신의 판매 스토리텔링으로 활용하기도 한다.

사원들은 자발적으로 공부하고 연구하도록 해야 한다. 가만히 있으면 누가 밥을 떠먹여 주지 않는다. 판매결과(금액, 달성율, 성장률, 경쟁력)는 판매사원들의 피나는 노력의 결과이고 치열한 경쟁의 산물이다.

지점장은 담당하고 있는 매장 사원들의 판매력을 책임지고 극대화시켜야 한다.

그 구체적인 방법이 "상품담당제"의 철저한 실천이다.

모든 사원이 전 제품 수많은 모델을 동시에 숙지하고 전문가가 되기는 쉽지 않다.

입사년차를 고려하고 점내 판매비중을 감안하여 담당품목을 세분화 시켜주고 그 품목(상품)에 대해서는 누구 못지않게 상품 usp와 판매정책에 있어서 전문가가 되도록 코칭하고 test하고 확인해야 한다.

그러기 위해서는 지점장부터 제품과 정책에 대하여 잘 알고 있어야 한다.

매일 조회시간, 종례시간에 담당품목의 상품지식과 판매정책을 상호 간에 공유하도록 발표시키고 질의응답을 시킨다.

일과 중에도 수시로 신상품 usp와 새로 나온 판매정책을 단톡방을 통해 담당자가 직접 내용을 올리게 하여 실시간으로 전 사원들이 공유하고 숙지하도록 관리감독 해야 한다.

상품담당제 5가지 기본역할을 좀 더 상세하게 설명해 보자.

① 품목별 목표관리

- 담당품목의 월 목표를 숙지하고 일자별로 판매 진척율을 파악한다.
- 주중 판매목표, 주말 판매목표가 제대로 달성되는지 daily로 확인한다.
- 담당품목의 판매가 부진하면 부진요인을 찾기 위해 경쟁 유통을 방문해 보고 홈쇼핑도 챙겨 보고 타 매장 및 전사 판매추이도 확인해 본다.
- 지점장과 상의하여 진열, 연출을 변경해 보자고 제안하고 상담skill도 바꿔 보자고 제안한다(부진탈출 주체가 되어 출구를 찾는다)
- 담당품목의 실적(수량, 금액, 달성율, 성장율)을 마감하고 요인을 분석하고 차월 판매방향에 대해서도 지점장과 내용을 공유한다.

② **재고관리**(담당품목 sku관리)

- 담당품목의 판매추이를 파악하고 있으면 해당 상품의 재고 회전율
  을 감안한 적정재고 관리가 용이해진다.
- 담당품목의 적정 진열대수, 진열모델의 변경필요성, 적정 보유재고
  운영(발주주문. 반품처리), 부진재고, 단종재고, 비회전재고 현황숙지
  및 소진방안 전 사원 공지 및 독려
- 창고 실물 보유재고 현황관리

③ **신상품지식 전달**

- 담당품목의 주력 판매모델에 대한 상품설명 usp는 상시 공유토록
  전 사원들에게 숙지시키고 특히 신상품이 출시되면 해당코너 진열
  과 동시에 신상품의 spec과 세일즈 포인트를 요약정리하여 전 사
  원들에게 공유시킨다.
- 신상품과 비교되는 경쟁유통의 대응모델을 찾아서 숙지하고 강, 약
  점 및 비교설명 포인트를 요약정리하여 사원들과 내용을 공유한다.

④ **품목정책 전달**

- 시황에 따라 유독 변화무쌍하게 움직이는 게 품목별, 모델별 판매
  정책이다. 해당품목도 워낙 많다. TV, 냉장고, 세탁기, 건조기, 에어
  컨, 청소기, PC, 휴대폰(각 통신사 정책), 그리고 수많은 가전소물들….
- 수시로 바뀌는 판매정책들이 월정책, 주중정책, 주말정책, day정책,
  타임세일정책 등 종류와 내용이 수시로 바뀌면서 판매현장에 쏟아

지듯이 전달된다.

- 품목담당자는 정신 바짝 차리고 담당품목의 판매정책을 실시간으로 캐치하고 요약하여 핵심내용을 전 사원들에게 공유시켜야 한다 (단톡방공유, 조회, 종례 시 공유)
- 판매정책을 놓치면 그대로 판매손실로 이어짐을 명심하고 최소한 담당품목에 대해서는 정책박사가 되야 한다(우수 판매사원의 공통인자는 품목정책, 패키지정책 활용의 달인들이다).

⑤ 진열, 연출(실연), 청소

- 담당하는 품목의 진열상태, 실연상태, POP가격표, 연출 상태를 수시로 check하고 상시 최적의 상태를 유지시켜야 한다. 그리고 담당코너의 진열상품 area를 항상 깨끗하게 청소를 해야 한다. 주말 가격표, 행사가격표, 변경되는 pop 및 연출물들을 시간차, 오차 없이 정확하게 탈, 부착 시켜야 한다.
- cs부문에서 말했듯이 담당하는 상품과 그 상품의 진열area는 최상의 상태로 살아 움직이게 진열, 실연, 연출해야 하고 진열 공백이 없고 꽉 차보이게 하고 청결상태도 수시로 체크하고 확인해야 한다.

지점장은 각 상품담당자들이 상기 5가지 역할을 충실히 잘 수행하도록 코칭하고 점검하고 check한다. 부족한 부분이 발생하면 즉시 대화하고 개선시켜야 하고 시행이 안 되고 있으면 즉시 공백 없이 시행되도록 주의를 상기시켜야 한다.

지점장은 사원들 중 특히 신참사원들은 상품담당제를 통하여 제품지식과 정책활용도에 있어서 조기에 일정수준 이상으로 올려놔야 한다.

그리고 담당하는 상품을 1년에 1~2회, 빠르면 분기1회 rotation을 시켜 주어야 한다. 신입사원이 들어오면 가전소물 담당부터 시작하여 1~2년이 지나면 거의 전 품목을 마스터할 수 있도록, 그래서 전 품목 Arpall round play 가능하도록 담당품목을 순환관리를 해주어야 한다.

경험에 의하면 입사 2~3년차 사원의 판매력이 제일 왕성하고 인당 판매실적도 높았다.

④
점포관리자 육성
– "기능담당제" 운영

실력있는 지점장 밑에서 "상품담당제"로 잘 훈련된 신입사원은 1~2년 내로 중견사원으로 성장하고 또 2~3년 내로 고참사원이 된다. 그러면 지점장과 점포 오퍼레이션을 함께하는 "기능담당제"를 편성하여 매장운영 역할분담을 시켜야 한다.

신입사원이 중견사원이 되고 부점장이 되어서 지점장이 될 때까지 역할을 잘 하도록 하기 위해서는 "기능담당제"를 통하여 점포관리 필수항목kpi : key performance indicator 역할수행 훈련을 미리 시켜야 하는 것이다.

상품담당제와 연동하여 기능담당제를 통한 점포단위 조직 관리자 양성을 시키는 것이다.

필자가 sv시절 sv와 지점장이 check하고 관리해야 할 "매장 오퍼레이션 표준항목"을 정리해 보니 총 73가지가 나왔다.

이렇게 많은 관리항목을 지점장과 sv가 전부 할 수 있겠는가?

아무리 능력이 출중해도 이렇게 많은 관리 항목을 지점장이 혼자 할 수는 없고 또 그렇게 해서도 안 된다. 그렇다고 어느 하나 소홀히 하게 되면 매장관리에 누수가 생기고 판매에 loss가 발생할 수 있다.

그래서 사원들과 역할분담을 해서 점포 오퍼레이션을 같이 해야 한다. 그 방법론이 "기능담당제" 운영이다. 목표를 달성하기 위한 매장 오퍼레이팅에 있어서 필수항목(kpi)들이 있다.

대표적인 것들이 목표관리, 집객판촉, 상권(고객)분석, 가망고객관리, cs(nps, voc), 사원별 타율관리(성공율), 재고(창고)관리, 멤버십고객 확대, 경쟁유통정보, 미배달관리, 자점배송, 판가관리, 반품재고관리 등등이다.

지점장은 중, 고참 사원들 중심으로 자점 필수 오퍼레이팅 관리항목(kpi)을 정하고 사원별로 기능역할 수행을 분배시킨다.

그리고 그 역할을 어떻게 수행할 것인지 코칭한다(관리양식, 집계분석 방법, 점내공유 소통방법 등).

일정기간 역할수행을 하면 역시 담당기능을 로테이션 시켜서 점포 오퍼레이팅 Arp가 가능하도록 코칭한다.

쉽게 말하면 매장의 필수적인 집안살림을 분담해서 하는 것이다.

필자는 지점장 시절 청소구역까지 세분화시켰다. 담당품목의 진열코너 area는 당연히 품목담당자가 책임지고, 매장 공유공간(화장실, 복도, 계단, 창고, 주차장, 천장부착물, 윈도우, 현수막, 야간점등, 점두청소 등)까지 세분화시켜 청소구역을 전담시키고 책임지게 했다.

지점장은 조회가 끝나면 바로 빗자루와 쓰레받기를 들고 점두로 나가서 매장주변 담배꽁초와 쓰레기를 줍고 매장외관, 부착물, 윈도우, 간판, 현수막 부착상태와 청결상태를 check 하고 점검하였다.

정시에 매장 open시키고 늦어도 10분 내로 모든 진열제품이 살아나야 되고(전원 on, 실연), 매장은 완벽한 상태로 고객을 접객할 준비가 되어야 한다. 각자가 상품담당제, 기능담당제에서 업무분장한 본인의 역할을 익숙하게 수행하도록 지점장은 빈틈없이 관리하고 감독, 코칭해야 한다.

그리고 고객내방이 집중되는 시간대에는 오로지 전 사원이

다른 일 하지 않고 100% 고객 접객에만 집중하여 상담성공률을 극대화시킬 수 있도록 매장의 중심에서 매의 눈으로 모든 고객과 사원의 움직임과 상담건을 주시해야 한다.

일과 중에 발생하는 신상품 정보, 경쟁유통 정보, 정책변화들이 실시간 공유되어야 하고 진열상품 입고, 점출고물량 상차 등 물류차량 상, 하차 업무, 내방고객 mot 7단계 접객과정 및 상담성공률 check, 가망정보 수집 등 모든 매장의 움직임들이 시계 속의 수많은 톱니바퀴가 맞물려 돌아가는 것처럼 매장의 하루하루 오퍼레이팅으로서 내실 있게 진행되어서 하루 영업의 결과가 일목표 초과달성이 되도록 만들어 내야 한다.

이런 모든 점포운영 메커니즘은 지점장이 중심이 되어 상품담당제, 기능담당제라는 운영의 틀 속에서 전체 사원들과 한 몸 같이 움직여 나가야 한다.

정신없이 매장의 하루가 지나면 일영업 마감시점에서 각자 부여된 역할을 수행하면서 일일 마감준비를 한다.

금일의 사원별 품목별 판매실적(달성율, 진척율) check, 사원별 성공률, 가망고객 수집현황, 상권/고객의 특이사항, 상담 성공, 실패사례 등을 간략하게 취합하여 지점장과 사원들은 짧게나마 스탠딩미팅으로 하루 실적을 리뷰하고 또 내일 영업의 주요사항을 공유하면서 마감을 한다.

이러한 매장의 일상들이 타이트하게 정해진 시스템과 frame 없이 대충 흘러가면 반드시 관리상의 누수가 발생하고 실적부진으로 나타난다.

지점장은 누구보다 독하게 책임감을 가지고 매장사원들을 육성시키면서 주어진 목표를 달성해 나가야 한다. 목표미달과 진척율부진 현상이 나타나면 즉시 부진요인을 사원들과 같이 분석하고 대책을 수립하며 만회대책을 추진해야 한다.

바로 "주차별 집객plan(주차별 집객 Road Map)"이 그것이다.

지점장은 타이트하게 주어진 월판촉비 자원을 가지고 누가, 언제, 어떻게, 어떠한 내용으로 효율적인 집객판촉을 추진하여 월 목표를 달성해 낼 것인가를 미리 준비하고 있어야 한다.

지점장의 3大 역할이다.

① 사원육성(by 상품담당제, 기능담당제)

② 집객(by 주차별 집객 Road Map)

③ 목표달성(by 내방객↑, 접객율↑, 성공률↑, 객단가↑)

소매현장의 실행력은 지점장이 축이 되어 진행되어야 한다.

지점장은 자신에게 주어진 인적자원, 물적자원을 최대한 효율적으로 운영하여 반드시 목표를 달성해야 한다.

인적자원의 판매력을 극대화시키는 tool이 상품당당제, 기능담당제의 효율적 운영이다.

물적자원을 최대한 효율적으로 운영하여 내방객을 극대화시키는 tool이 주차별 집객 Road Map 운영이다.

지점장은 사원들과 협력하여 상기 오퍼레이팅을 통하여 목표를 달성해 나간다. 사원들은 신입시절부터 상품담당제 역할 수행을 하면서 개인 판매력을 키우고 중견사원으로 성장을 하고 중, 고참이 되면 기능담당제 동참을 통하여 매장 오퍼레이팅의 수행능력을 학습한다.

그리고 부점장이 되어 지점장을 도와서 매장 전체운영의 skill을 배운다.

이렇게 훈련된 부점장은 지점장이 되고 지역의 중견지점장은 지역장 역할도 하면서 추후에는 sv가 되어 관할지역의 판매현장과 본사와의 pipe 역할을 한다.

우수한 성과를 만들어내는 지점장과 sv의 모습이 사원들의 비전이 되야 하고 이런 과정을 거쳐 한 명의 강력한 판매사원이 육성되어서 지점장이 되고 권역장이 되면 그 영업조직의 팀워크와 현장실행력은 틀림없이 긍정적인 방향으로 나아가고 영업의 output과 performance는 극대화가 될 것이다.

필자는 이러한 과정이 "영업조직의 정통성 확립"이라고 생각한다. 서로가 눈빛만 봐도 무슨 뜻인지 알고 선, 후배 간에 업무를 통하여 끈끈하게 형성된 신뢰관계는 일을 해나가는 데 있어서 무슨 말이 필요하겠는가.

아무리 힘들고 어려운 목표라도 서로 협력하여 팀워크로 달성할 수 있고 문제가 발생해도 슬기롭고 현명하게 대처할 수 있을 것이다.

그래서 영업조직에서 지점장의 실력과 역할은 정말 중요하다.

영업의 성과는 지점장이 축이 되어 만들어지기 때문이다.

가정교육이 밥상머리 교육이라면, 지점장은 사원들에게 술상머리 교육도 시킬 수 있어야 한다.

힘든 영업과정(목표달성 과정)을 통하여 형성된 상·하·동료 간의 신뢰관계는 어떤 noise나 문제도 야기시키지 않을 것이다.

모든 것이 지점장이 바로 서야 가능한 일이고 그 실천방법론은 상품담당제, 기능담당제의 철저한 현장실행에 달려 있다.

집객 1: 멤버십 회원고객 확대

지점장은 사원을 강하게 육성시키는 것이 첫 번째 역할이라면, 두 번째로 중요한 역할은 매장 내방객 집객활동에 있다.

사원을 진정한 싸움닭으로 만들어 놓았다면 싸울 수 있는 count partner를 불러 들이는 작업이다(표현은 이렇게 해도 의미를 잘 해석해야 함). 그래야 열심히 싸워서 목표를 달성할 수 있을 것 아닌가.

사실 소매영업에서 제일 어려운 오퍼레이팅이 집객이다.

영업을 아무리 오래 하였어도 집객에 대한 solution은 쉽지 않으며, 소매영업에서 끝까지 풀어 나가야 할 원천적인 문제이기도 하다.

판매공식의 첫 번째 항목이 내방객이다.

판매 = 내방객×접객율×성공율×객단가

내방객이 있어야 판매가 시작된다. 내방객이 없으면 훌륭한
매장과 우수사원이 무슨 소용이 있겠는가.

목표달성 필요충분 내방객 수 산출

먼저 지점장과 사원들은 목표달성에 필요한 기본적인 필요
충분 내방객수를 항상 염두에 두고 장사해야 한다.

접객율 100%임을 가정할 때 몇 분의 고객이 내방하셔야 지
점의 목표를 달성할 수 있고 사원 개인은 몇 명의 고객을 접
객해야 본인의 개인목표를 달성할 수 있는지 통계치로 명확히
알고 있어야 한다.

(지점, 사원별 평균 성공율과 객단가를 감안하여 역산출하면 된다. 그리고 성

공율, 객단가는 일정기간의 판매실적을 토대로 산출할 수 있다)

– 일 목표 30백만 지점

성공율 60%, 객단가 1백만 → 필요 내방객 수 50명

– 일 목표 5백만 사원

성공율 60%, 객단가 1백만 → 필요 접객건수 8~9명

– 주말 3일 목표 200백만 지점

성공율 60%, 객단가 3백만 → 필요 내방객 수 167명

– 주말 3일 목표 30백만 사원

성공율 60%, 객단가 3백만 → 필요 접객건수 17명

상기 내용처럼 성공율, 객단가를 감안하여 월간 내방객, 주차별 내방객(주중, 주말 구분 필요), 일일 내방객 등 자점목표 달성을 위한 기본적인 필요충분 내방객을 made시켜 나가는 게 집객활동의 기본방향이다.

아무 생각없이 하루하루 장사를 하는 지점과 명확한 집객개념을 숫자로 인지하고 장사하는 매장의 달성율은 시간이 갈수록 그 gap이 커진다.

지점 내방객 감소현상이 나타나면 모든 지점 구성원들은 즉각적이고 총체적인 집객활동을 진행해야 한다(고객 없을 때 비상행동지침).

이러한 내방객 집객 개념을 가지고 주차별로 집객판촉 plan을 수립하는 것이 "주차별 집객 Road Map"이며 차월 집객 plan을 당월에 미리 수립하여 집객판촉 기능담당자 및 사원별 역할분장을 통한 계획적이고 detail한 집객활동에 전 사원이 익숙해져 있어야 한다.

그리고 이러한 집객활동이 효과를 보기 위해서는 집객활동에 있어 제일 중요한 멤버십고객 확대를 통한 기존고객, 고정고객의 자연내방객 수를 일정수준으로 올려놓는 작업이 필수적으로 선행되야 한다.

멤버십 회원고객 확대: 핵심 kpi

기본적으로 매장의 월매출 capa를 결정짓는 주요 요소 중의 하나가 그 매장의 멤버십회원 고객의 capa이다.

기본적인 매출을 유지하기 위해서는 소위 비빌 언덕이 필요한데 그것이 고정고객이라 볼 수 있는 멤버십회원 고객인 것이다(고객 기본정보와 판촉동의를 얻은 판촉가능고객).

즉, 매출과 직결되는 고객확대가 멤버십고객(판촉가능고객) 확대이다. 오래전 기준이지만 상권인구수와 판촉가능 고객수별로 매장 평균매출 규모를 분석한 적이 있다.

상권인구수(1~2차 상권)	월매출 capa	판촉가능 고객 수
10만	7억	20,000명
15만	10억	28,000명
20만	14억	40,000명
30만	20억	57,000명

월평균 7억 이상 매출을 하려면 지점의 상권배경 인구수 10만 명, 등록된 멤버십고객은 최소 2만 명은 확보를 해야 가능했다(가전매장 기준).

물론 업종별 고객 1인당 연간구매 객단가에 따라 상기 기준은 달라질 수 있다. 어쨌든 판촉가능고객 확대가 자점의 월판매 capa 확대와 직결되는 것은 사실이다.

이러한 기존고객, 고정고객 개념의 멤버십고객 capa가 늘어날수록 집객판촉의 효과가 나타날 수 있고 이를 통한 자점 평상시 자연내방객 확대효과를 기대할 수 있다.

점사원들은 다음과 같은 멤버십회원고객 확대작업을 연중 365일 적극적으로 지속 추진해야 한다(매장에 들어오시는 고객은 무조건 100% 멤버십가입을 목표로 해야한다).

① 발품활동을 통한 고객확대(최우석 지점장 우수사례 참조)

② 동반고객 늘리기(방문사은품 판촉)

　"친구, 가족과 함께 오세요. 동반고객 모두 방문사은품 드립니다"

③ 구매제품 "사용자 고객" 등록하기

　구매고객은 물론 구매상품을 사용하는 제품사용자(가족, 친구, 회사동료

　등)를 모두 멤버십 고객으로 등록하기(향후 a/s 발생 시 필요성을 강조)

④ 소물, 액세서리 상품 진열구색 늘리기

　pc, 휴대폰 액세서리 구매고객도 100% 고객정보 취득

⑤ 비회원 구매고객 zero화(기능당담자 운영)

　모든 구매고객 대상 100% 고객정보 확보 및 멤버십 가입 시키기(비회

　원 판매율 높은 사원은 특별코칭 시행)

⑥ 스마티 판촉 신규고객 확대(특히 신규오픈점, 리뉴얼행사점)

　상권내 사전 발품활동 전개, 신규고객등록 확대

☞ 스마티 판촉: 일정기간 매장 홍보활동을 통하여 매장 방문고객 대상 100% 방문사은품을 증정하면서 고객정보를 등록하고 판촉가능 멤버십고객을 확대시키는 판촉

지점장과 점사원들도 예외없이 1차상권 내 담당구역을 정하여 점심시간을 이용하여 식당, 가게 등 자영업소를 방문하여 명함이나 포스팅 전단을 꾸준하게 전달하는 것도 방법이다.

특히 매장 인근에 있는 보험영업소나 통신사 콜센터, 대형 관공서 등 근무인원이 많은 사업장을 방문하여 key man 섭외, man to man 고객확대를 성공시킨 사례도 많다.

일본 데오데오의 경우를 보면,
ee카드(멤버십카드)가 있어 멤버십가입을 시키고 다양한 혜택을 제공하면서 재방문, 재구매를 유도하였다(발음상 이이는 いい, 좋다는 뜻임).

전 사원은 아침 조회시간에 본인의 일일 판매목표와 당일 ee카드 가입목표를 크게 외치고 하루 영업을 시작한다.
연중 365일 모든 방문고객은 물론, 동반고객, 지인들에게까지 멤버십회원 가입을 권유하고 있다.

멤버십회원 혜택도 다양했다. 구매 시 일정할인율은 물론이고, 무상A/S품목 확대, 구매포인트(마일리지) 제공 및 특히 연 4회 진행되는 정기세일 시 할인율, 특별사은품 혜택을 크게 제공하였다.

당사가 데오데오 연수 갔을 당시에 빅히트를 치고 있었던 것은 정기세일 사은품이었는데 일본의 유명한 도자기 장인이 만든 그릇세트를 분기세일에 하나씩 제공하여 1년에 정기세일 4번을 모두 구매하는 멤버십회원은 한 세트의 고급 식기세트를 완성시킬 수 있는 그런 사은품행사였다(당사도 그 시기에 멤버십카드를 회사에 건의하여 시작하였고 지금까지 발전되고 있다).

아무튼 업종불문하고 매장의 매출capa를 확대시키는 극히 기본적인 핵심 kpi는 매장의 "멤버십 회원고객 늘리기"와 다음 chapter에서 설명할 "가망고객관리"이다.

전 사원들은 매장 방문고객은 한 명도 빠짐없이 100% 회원가입 권유를 해야 함은 물론이고 다각적인 방법을 고민하여 자점의 멤버십고객을 늘리고 볼 일이다. 그래야 고정, 단골고객 창출, 기본매출(기본내방객) 확보, 다양한 판촉행사효과 극대화 등의 효과를 기대할 수 있다.

⑥
집객 2: 단골고객,
우수고객 확대

　지점차원에서 멤버십고객 확대에 총력을 기울여야 한다면,

　개별사원 입장에서는 본인 고객 중 단골고객과 우수고객을
늘리는 데 집중해야 한다.

　본인에게 2회 이상 재구매가 이루어지면 단골고객으로 볼
수 있고, 일정기간 내 구매횟수, 구매 객단가, 총 구매금액 등
의 별도의 기준을 적용하여 등급별 우수고객을 정하고 그분들
에게는 별도의 혜택과 특별한 대우를 제공해야 한다(회사의 제
도, 시스템적 혜택활용 및 개인적인 특별 상담우대 서비스).

　데오데오 전사 최우수 사원의 비결도 결국은 단골고객, 우
수고객 확보에 있었다. 당사 연수 당시였던 20년 전에 벌써
그 사원은 개인적으로 고객 가족단위의 LSLI 판매를 하고 있
었다.

☞ **LSLI**(life style lock in, 생애주기 연계판매)

- 한 명의 고객이 태어나서 죽을 때까지 발생할 수 있는 생애주기 이벤트와 연관시켜 상품을 판매하는 개념임.
- 탄생, 입학, 졸업, 입대, 제대, 취직, 결혼, 출산, 입주, 이사 등 생애주기별로 이벤트와 상품을 연계시켜 구매를 촉진시킴

기존 구매제품의 교체주기 재구매는 기본적으로 이루어지고 있었고 부모, 자식, 손자 세대까지 일생의 기념일과 경축일에 가전제품을 접목하여 연계판매를 진행하고 있었다.

그 당시에 벌써 데오데오 회사차원의 고객 crm시스템이 있었는데도 그 사원은 별도의 엑셀시트에 어마어마한 본인 고객의 구매데이터를 스스로 관리하고 있었다(AS 발생사항 및 구매제품 care 내용까지 상세관리).

특급사원은 굳이 신규고객의 판매가 없어도 기존고객의 재수요와 소개판매만으로도 본인 목표를 충분히 달성하고 남았다(당사 최윤경 차장 우수사례와 내용의 맥락이 같음)

모든 사원은 본인의 기존고객에 대하여 진정성을 가지고, cs mind에 입각한 정기적인 contact을 통하여 단골고객, 우수고객을 확대재생산 해내야 한다.

- crm시스템 활용 기구매제품 교체수요 공략

- 소물고객 대물판매로 연계판매 추진

- 포인트, 마일리지 보유고객 구매가능상품 공략

- 기존고객 미구매 품목에 대한 판촉 approach

- 연관품목 패키지혜택 구성 추가판매 공략

- 지인 소개판매(학교친구, 회사동료, 고향선후배, 동호회 등)

- 가족 공동구매 추진(사돈네 팔촌까지)

모든 고객대상 1차판매로 끝내지 않고 필히 차기구매 가망 정보 확보를 하면서, 한 번 고객은 나의 평생고객(인생의 동반자)으로 생각하고 그분의 가족 전체를 내가 책임진다는 자세로 내식구로 만들어 버려야 한다(고객 가족구성원들 전체적인 LSLI 수요를 cover).

필자 판촉그룹장시절 회사에 3.1.3.1 이라는 고객관리 시스템을 데오데오 연수 후에 바로 만들었다. 구매고객 3일 후 연락은 전화나 문자로 하고 한 달째, 세 달째, 1년 후에는 고객에게 보낼 수 있는 편지를 인쇄해서 전국 각 지점에 배포하였다.

그리고 "가망고객"에게 드리는 "인연만들기" 제하의 편지도 별도로 인쇄하여 고객 이름만 적어서 편지를 발송할 수 있도록 각 점에 배포하였다.

☞ 3.1.3.1 고객 crm활동

- 3일째: 구매감사 문자, 배송설치 확인 및 불편care

- 1달째: 상품사용 시 불편사항, 고장유무, 문의사항유무 질의

- 3달째: 상품사용 시 불편사항, 고장유무, 문의사항유무 질의

- 1년째: 무상as 만료안내, 상품불량 care, 추후 필요사항 문의

오히려 이러한 활동이 요즘 시대에 레트로 감성으로 다가올 수도 있을 것 같다. 고객께 드리는 손편지는 큰 울림을 기대할 수 있다. 연애편지를 잘 쓰면 연애를 잘할 수 있듯이 고객에게 진심을 전달해야 장사를 잘할 수 있지 않겠는가.

⑦
집객3: 신규고객 확대
- 주차별 집객 로드맵

집객활동에 있어서 멤버십 고객 확대, 단골,우수고객 확보가 매장의 기본 매출capa 토대라고 한다면 신규고객 집객은 매장 capa의 확장성 작업이라고 볼수 있다.

지점은 정기적으로 다양한 판촉tool을 시행하여 신규고객을 집객해야 하고 이러한 plan이 "주차별 집객 Road Map" 추진이다.

주차별 집객 로드맵은 전월말경에 차월 목표와 판촉비를 감안하여 지점장과 점원들이 상의하여 사전수립하고 sv 매장방문 시 매 주차별로 집객판촉 진행과정을 판매진척 상황과 연동하여 확인, 점검해야 한다.

집객활동 중에서도 신규고객 집객이 사실 제일 어려운 부분이다.

판촉비나 정책활용 자원이 무한정으로 있어 매주 주말에 고객초청행사를 할 수 있다면 좋겠지만 현실은 그렇지 않다.

한 달에 평균 1번 정도 점주관 집객판촉을 할 수 있고 한 달에 한 번 정도는 본사판촉 주도하에 전사적인 집객판촉을 하는 게 통상적인 전례이다.

지점장은 월목표를 받으면 주차별로 얼마씩 판매를 진척시킬 것인지 주간목표 비중을 배분한다.

그리고 거기에 맞춰 사원별 일일목표를 편성한다(사원별 개인별 휴무일정 감안). 그 다음에 주차별 목표달성에 필요한 필요내방객 수를 산정해야 한다.

평소에 통상적으로 자연내방하는 주중 방문객수, 주말 방문객수를 감안하여 추가로 집객을 해야 할 추가집객 필요 내방객수 목표를 산출한다. 그리고 추가집객을 위한 판촉 tool을 정하고 한 가지씩 판촉 준비과정을 진행시켜 나가야 한다.

이때 기존에 편성된 품목담당제, 기능담당제의 사원별 역할에 각자 임무를 부여하고 하나씩 진행과정을 check해 나간다,

그리고 내방객, 구매고객에게 증정하는 사은품도 사전에 준비한다.

주어진 한정된 판촉비용으로 최대의 집객효과를 내기 위해서는 과거 자점상권에서 유효했던 판촉 tool에 대한 검증이 되어 있어야 하고 시행한 판촉 tool별 고객회귀율이 어느 정도는 통계로 나와 있어야 한다.

대표적인 집객판촉 tool

- 신규고객 집객 tool: 신문삽지 전단, 포스팅전단, 현수막, 차량홍보, 포스터, 아파트 게시판, 무명 dm, 스마티판촉, 카톡플친, 홈페이지, 점블로그, 네이버 예약상담 등
- 기존고객 집객 tool: 문자(sms, lms, mms), DM, TM(웹tm) 등이다.

매장별 주차별 집객판촉 주요 이슈

- 분기단위 전사 정기판촉행사
- 진열, 단종제품 소진행사
- 점자체 이벤트판촉(연말, 신년, 명절, 오픈주년 등)
- 신상품 론칭세일, 기획모델, 프리미엄모델 특별세일
- 신임점장 부임판촉 등

주차별 집객 Road Map 수립양식

	판매 목표	내방 객수	성공율	객단가	사전 가망확보	집객판촉 시행내용	SV, 본사 요청사항
1주차						– 사전준비집행 Check	– 본사 요청사항
2주차						– 사전준비집행 Check	– 정책추가 지원사항 – crm데이터 추출
3주차						– 주력 판촉주간 start – 판촉 Tool별 집객, 홍보 추진	발송 진행
4주차						– 행사실적 결과 분석	비용정산
월 계							

지점장이 판촉 기능담당자와 점차원의 집객판촉 행사를 준비하고 진행한다면 사원들을 각자 개인별로 본인목표 달성을 위한 개인별 가망고객 사전확보에 들어가야 한다.

월중 주력판촉주간에 기존 상담고객 중 구매 미결정 가망고객을 몇 분 초청하여 추가매출을 발생시킬 것인지 사전에 계획하고 고객 내방 사전contact을 진행시켜 나가야 한다.

그리고 사원들도 주력 판촉주간에 초청할 자신의 기존, 단골고객들에 대해서도 개별적 집객활동을 진행시켜야 한다.

이때 crm 기능담당자는 상권분석, 고객분석을 진행하여 점차원 및 사원별 집객판촉 과정에 필요한 데이터를 제공한다.

- 동별 점유율(apt 점유율, 세대 점유율, 객단가추이 등)

- 품목별 점유율(공백상권, 우수상권, 취약상권 등)

- 동별 신규고객, 기존고객 월별 증감, 변화추이 등 분석

- 사원별, 품목별 교체주기 도래고객 List

- 포인트 보유고객 List 등

품목별 교체시기 도래고객을 crm시스템에서 추출하여 개별적으로 문자를 발송하고, 보유 중인 가망고객, 단골고객, 포인트 보유고객, 지인고객 대상으로 tm을 시행하고 자신의 vip 고객에게는 행사내용을 e-mail로 별도로 발송하여 판촉 혜택 홍보활동을 진행해야 한다.

그리고 주력 판촉주간에는 계획된 목표진척율을 달성하기 위해 전 사원이 총력을 다하여 판매에 초집중한다(내방객 확대, 100% 접객율, 성공율 up, 객단가 up).

판매공식에서 성공률과 객단가는 개선시키기가 쉽지 않다. 가장 변화성이 큰 항목은 내방객 수이다.

소매영업에서 목표달성과 집객은 가장 직접적인 상관관계이다.

꼭 비용을 들여서 집객판촉을 하는 것만이 출구가 되어서는

안 된다. 주말 판촉행사를 통한 집객은 +a 매출을 창출하는 판촉수단이 되어야 한다.

월중 상시 기본 내방객을 made 해 놓아야 그 지점은 안정적인 매출실적을 이어갈 수 있다.

따라서 지점장과 crm 상권분석(집객) 기능담당자는 가장 중요한 역할을 수행하는 것이다.

상권 내 동별 고객증감율, 주요apt 고객증감율, 동별 객단가증감율, 주중, 주말 내방객 증감율, 신규고객 증감율, 기존고객 내방 및 재구매율 등 상권, 고객 분석에 대한 명확한 현상을 알고 있어야 하고 전반적인 고객 감소현상 발생 시는 즉시 고객확대 비상대책을 추진해야 한다.

내방객 감소현상은 갑자기 나타날 수 있으나 내방객 증가현상은 절대 일시에 나타나지 않는다. 꾸준하게 내방객 확대작업을 지속적으로 전 사원이 합심하여 추진해 나가야 가능하다.

상권분석, 고객확대(집객판촉) 기능담당자는 부점장이나 제일 관록있는 고참사원이 하는 게 좋다.

내방객이 꾸준히 유지되지 않으면 성공률, 객단가를 올려야 하는 각고의 노력이 필요하다.

필자의 경험에 의하면 목표를 꾸준하게 달성하는 점포는 목표달성에 필요한 내방객을 상시 유지하기 위해 상권분석과 고객확대 작업을 지속적으로 꾸준하게 진행하고 있는 점이고, 사원 구성원들도 어떻게든 본인의 필요 접객건수를 만들어 내고있는 점이다.

반대로 내방객이 감소현상을 보이고 있음에도 상권분석도 하지 않고 고객증감 현상을 인식도 못 하고 지속적인 고객확대 노력도 안 하면서 비용을 투입한 판촉행사만 하겠다고 들이대는 매장은 사원들을 붙잡고 물어보면 본인의 평균 성공율, 객단가도 모르고 당연히 목표달성 필요 접객건수도 염두에 없는 사원들이 대부분이다.

지점장이나 사원이나 그냥 하루하루 출근해서 들어오는 손님 대상으로 장사하고 끝나면 퇴근하고 있는 것이다.

지점장이 바로 서야 현장의 실행력은 발휘되고 목표를 달성할 수 있다. 재차 강조하지만 목표달성 실행력의 첫 번째 필수항목kpi은 내방객 수 확대(집객활동)이다.

주차별 집객 road map에 의한 집객판촉은 +a의 실적을 만들어내는 수단이 되어야 하고 부족한 실적을 채워 넣기 위한 수단이 되어서는 안 된다.

판매사원들도 지점장이 집객해 주기만 바라지 말고 본인이 스스로 단골고객 확대, 접객건수 확대를 위하여 고민하고 고군분투해야 한다. 장사 잘하는 사원은 본인이 고객을 스스로 만들어 내고 확대재생산 시키고 매출을 안정적으로 made해 나갈 줄 아는 사원이다.

이러한 판매 skill이 있는 사원과 함께 근무하는 지점장과 동료사원들은 행복하다고 봐야 한다. 잘하는 사람을 그대로 따라하기만 해도 중간 이상은 가기 때문이다.

눈에 보이는
가망정보 관리

소매영업 operating 핵심 항목 중의 또 하나가 "가망고객 관리"다(지금까지 가망고객정보관리를 안 하고 있는 매장이라면 제대로 한번 해보라. 놀라운 판매증가 효과를 경험할 것이다).

매장운영 모든 항목이 중요성이 있겠으나 가망고객 관리만큼은 지점장과 전 사원들이 하나 되어 철저하게 운영해야 한다.
"가망고객"이라 함은 일반적으로 "상담을 하였으나 구매결정을 하지 못하고 그냥 돌아가시는 고객"을 말한다. 우리 매장에 아무 목적 없이 시간 때우려고 오시는 손님은 드물다. 언젠가는 구매목적이 있기 때문에 사전에 시간을 내어 방문을 하시는 것이다.

일단 매장 문턱을 넘어 오시는 모든 고객은 구매목적이 있다고 봐야 하고 한 분도 소홀함이 없이 접객을 하여 고객정보, 구매수요정보를 취득하여야 한다.

앞서 얘기했지만 모든 고객은 사원 개인손님이 아니고 회사의 소중한 자산이자 보물이다.

엄청난 비용을 투입하여 매장 인프라를 만들어 놨기에 내방이 가능한 것이고 그 내방객들을 우리는 정말 최선을 다하여 한 분 한 분 소중하게 접객을 해야 한다(표준접객 mot 7단계가 매뉴얼화되어 전 사원이 체득화되어 있어야 한다).

지점장은 모든 내방객에 대하여 접객율이 100%가 되도록 점입구 또는 점중앙에서 사원들 접객을 컨트롤해야 하고 상담진행건을 밀착관리 및 밀착지원해야 한다.

문진상담이 잘 진행되어 테이블에 앉아 본격적인 상담설명까지 들어가야 구매결정 확률이 높아진다. 그래서 누군가의 차접대가 중요하다.

지점장과 주변 동료들(비상담 인원)이 그 역할을 해야 한다.

통상 가전제품은 고가제품이다 보니 한 번의 방문으로 그 자리서 구매결정하기가 어려운 제품이다. 수많은 유통과 여러 군데의 매장을 방문하여 수차례 상담해 보고 그중에 가장 신뢰가 가고 구매조건이 좋은 매장을 재방문하여 구매결정 하는 것이 통상적이다.

그래서 "가망고객 관리"가 필수적으로 진행되야 한다.

한번 상담하고 손님이 그냥 나가시면 지점장은 그 사원을 불러서 물어봐야 한다.

"왜 그냥 가신거냐" 물어보면 "그냥 한번 둘러보러 왔답니다" "나중에 또 오신다고 합니다" 대부분 이렇게 대답한다.

"가망고객 정보는 받았느냐" 물어보면 대답은 또 천차만별이 되고 이런 횟수가 늘어 날수록 지점장과 상담실패 사원의 관계는 갈수록 악화된다.

필자가 월평균 10억 매장의 지점장 시절에 상담성공율 관리와 실패고객 가망고객 확보에 워낙 철저하다 보니 사원들이 스트레스가 심하여 손님이 들어오시면 아예 상담을 기피하는 현상까지 있었다.

상담 실패하면 또 저 인간이 스트레스를 줄테니 아예 손님을 슬슬 피하는 것이었다.

매장이 이렇게 되면 안 된다.

전 사원이 가망고객 확보의 중요성을 스스로 인식하고 가망정보 취득이 상담과정에서 자연스럽게 습관화, 체질화 되어 있어야 한다.

지점장과 가망고객관리 기능담당자의 역할이 매우 중요하다.

그리고 모든 가망정보는 눈에 보이게 관리해야 한다는 것이다.

사원들이 개별적으로 노트에 관리하거나 휴대폰 메모기능, 수첩 등에 메모기록하는 경우도 많다.

필자는 a4지 별도 양식을 만들어서 사원별로 황화일을 만들어주고 매일 가망정보 취득 시 즉시 고객 한 분당 한 장의 관리시트를 작성하도록 하였다.

그리고 퇴근시간에 지점장 책상에 각자 가망고객 황화일을 올려놓고 퇴근하라 했고 지점장은 익일 아침에 조금 일찍 출근하여 어제 사원별로 취득한 "가망고객관리" 파일철을 한장 한 장 건건이 check하고 자필로 ment를 달아주었다.

"가망고객관리" 기능담당자는 취합sheet를 만들어 사원별 상담건수, 판매 성공건수, 판매 실패건수, 가망정보 취득건수를 일자별로 취합하여 작성하고 공유토록 했고 주차별로 조회, 종례시간에 지점 전체의 가망 보유현황을 발표하도록 했다.

지점장이 매일, 모든 상담건을 밀착관리하고 있으니 사원들은 거짓말을 못 하였다. 있는 그대로 사원 개인별 상담 성공률과 가망확보율 그리고 가망고객 성공율까지 real하게 공유되고 발표되었다.

사원들의 판매력은 판매숫자로 나타나지만 결과가 나오기까지의 과정관리는 어떠한 방법으로든 반드시 해야 할 필요가 있다.

가망정보 취득을 소홀히 하는 사원은 그만큼 판매기회 손실이 많고 점 전체판매에 손실을 끼친다. 동료사원들도 그것을 알아야 한다. 점 성과급에 누가 민폐고 누가 도움이 되는지 알아야 한다. 그래야 본인들의 역할을 제대로 수행하고자 다같이 노력하기 때문이다.

사원들이 본인만 아는 가망정보 관리를 하게 할 것인지, 공개적으로 가망정보 date 관리를 할 것인지는 지점장 판단 몫이지만 나는 반드시 "눈에 보이는 가망정보 관리"를 추천한다 (가망정보 역시 지점과 회사의 중요한 자산이기 때문이다).

상담성공율 평균 60%, 실패율 40%
 - 가망정보확보 30% 가망고객성공율 70% → 추가판매 8.4%
 - 가망정보확보 50% 가망고객성공율 70% → 추가판매 14%
 - 가망정보확보 80% 가망고객성공율 70% → 추가판매 22,4%
 - 가망정보확보 100% 가망고객성공율 70% → 추가판매 28%

　　(추가판매 = 상담실패율 x 가망정보확보율 x 가망성공율)

일반적으로 내방고객 상담성공율이 50~60% 수준이라고 하면, 가망고객 구매성공율은 일단 한 번 이상 상담한 고객이기 때문에 70%수준이 넘어가고 대체적으로 객단가도 큰 편이다.

상담 실패고객 가망정보 확보를 100%하는 사원과 50% 이하로 하는 사원의 판매금액의 차이는(가망고객 객단가에 따라 틀리겠지만) 단순계산만 해도 10~20% 차이가 나고 사원별로 이를 합치면 점 전체 달성율에 미치는 차이는 치명적일만큼 크다.

가망고객 관리의 중요성은 아무리 강조해도 부족하다.
정말 치밀하고 철저하게 관리해야 한다.
지점 전체의 가망정보 자산을 소홀히하고 사원별로 알아서 관리하라고 방치하는 지점장은 직무유기를 하고 있다고도 볼 수 있다.

필자가 sv 시절 이런 지점장은 정말 혼을 많이 냈던거 같다.
가망정보 자산은 사원 개인의 것도, 지점장의 것도 아닌 회사 전체의 자산이기 때문이다.
회사는 인프라를 투자하여 매장을 만들고 고객이 없으면 또 판촉비를 투입하여 고객을 불러 모은다. 그런데 고객접점은 지점장이 책임지고 있다.
어렵게 오신 고객을 소홀히 하고 제발로 들어와 주신 고객에 대한 감사함을 모른다면 장사의 기본자세가 되어 있다고 볼 수 없다. 그래서 cs부분에서 얘기한 "고객인식" 자체부터가 중요한 것이다.

가망고객관리의 중요성 재인식

- 가망고객 관리는 핵심 중의 핵심 kpi임을 지속 강조해야 함

- 고객 한 분 한 분은 개인의 고객이 아닌 회사 자산임을 강조(가망정보 역시 중요한 매장의 자산이자 회사의 자산임)

- 정상적으로 가망고객관리를 하는 사원은 평균 20~30명의 가망고객 정보를 상시 보유하고 있어야 함

- 주말목표의 30% 수준의 가망고객 보유 시 주말목표 100% 달성이 가능함(통계적인 산출결과임)

사원별 가망고객관리 코칭

- 눈에 보이는 가망고객 관리가 key Point

- 사원별로 가망고객관리 파일을 기록, 관리하도록 코칭

- 고객별 contact 과정을 지점장이 직접 확인해야 함(판매부진 사원은 일일상담 일지를 통한 타율=성공율 관리와 가망고객관리 현황을 cross check하여 점검해 주어야 함)

가망고객관리 기능당담자 운영

- 점내 가망고객관리 기능당담자 선정

- 사원별 가망보유현황, 가망건 성공, 실패율 집계분석 및 공유

− 가망 우수사례, 실패사례 실시간 공유

− 가망관리 부진사원은 지점장이 수시교육, 코칭하도록 독려

가망정보 취득방법

− 기상담 구매 미결정 고객 상담내용을 기록관리

− 기구매고객 추가 구매정보 취득 기록관리

− 기구매고객 상품교체시기 도래시점 list up

− 혼수박람회 참석 상담고객정보 별도관리

− 스마티판촉, 점내 앙케이트 조사 시 취득 구매정보 관리

가망고객 보유현황은 해당 지점의 "쌀독"이나 "금고"라고 볼수 있다. 가망고객이 없는 지점은 배고플 때 굶어야 하고 위급할 때 기댈 곳이 없다고 봐야 한다.

[가망고객관리 양식 예]

상담일자	고객명	TEL	구매용도	고객 특기사항	

상담품목	품목	수량	단가	금액	비고
	합계				

약속 사항	

2차 contact	예정일자	contact일자	contact 내용	

3차 contact	예정일자	contact일자	contact 내용	

4차 contact	예정일자	contact일자	contact 내용	

판매 결과	품목	결과	설치예정	참고사항(약속사항)

실패	변심	타유통( )	구매연기	기타사유

목표달성
필승 전술

　지점장 3大역할 중 마지막 세번째가 목표달성이다.

　사원육성과 집객의 결과로 주어진 목표를 필달해야 비로소 지점장의 역할이 완수된다.

　영업조직의 존재이유는 목표달성에 있다.

　영업조직에서 목표는 生命과 같다. 목표에 살고 목표에 죽고 오직 목표만을 위한 모든 영업활동이 있을 뿐이다.

　목표를 달성해야 그 조직의 모든 구성원과 그 가족들이 생존해 갈 수 있다. 목표달성이 얼마나 중요한 의미인지 제대로 인식해야 한다. 목표를 해도 그만, 못 해도 그만이라고 생각하는 조직이 있다면 그 조직은 희망이 없다.

　자영업자가 모든 재산을 올인하여 가족의 생사를 걸고 장사를 하듯이 월급쟁이도 목표달성에 있어서만큼은 모든 것을 걸고 반드시 해내야 한다.

"목표관리"라는 항목의 의미는 목표달성을 하기 위한 처절한 과정을 말한다. 단순하게 숫자를 거론하고 진척관리를 하는 것이 목표관리가 아니다.

수단, 방법 가리지 않고 가용자원을 총동원하여 절실한 심정으로 목표를 달성해 나가는 총체적 과정이 "목표관리"인 것이다.

지점장은 주어진 목표에 불만을 갖거나 이의를 제기하면 안 된다. 그러는 순간 그 목표는 달성하기 어렵게 된다.

특히 사원들 앞에서 목표를 부인하는 그 어떤 언행을 해서는 안 된다. 사원들 전체가 목표를 부인하게 된다.

그렇다고 목표가 인하되거나 수정되는 경우를 보았는가.

33년 영업 인생에서 주어진 목표가 바뀐적은 한 번도 없었다. 부여된 목표를 필달하겠다는 강한 의지와 끈질긴 실천만이 필요할 뿐이다.

(목표달성 공식)

매출=내방객수x접객율x성공률x객단가

목표를 달성하기 위해서는 목표달성 공식의 4가지 항목을 골고루 향상시키는 방법도 있고 한두 가지 항목을 강력하게 drive 해서 달성할 수도 있다. 지점장은 자점의 역량을 어느 항목에 집중할 것인지 방향을 잘 잡아야 한다.

내방객 수 자체가 턱없이 부족하면 목표 capa를 달성할 수 있는 기본적인 판촉가능 고객을 집중적으로 늘리는 작업부터 추진해야 한다.

기본적인 내방객 수가 유지되는 상태라면 사원들의 성공률과 객단가를 늘리는 작업에 집중해야 하고, 들어오는 손님조차 100% 응대하지 못하는 점포라면 영업집중 시간대에 100% 접객율을 올릴 수 있도록 부대업무를 없애거나 접객인원을 늘리거나 매장 접객환경을 개선시켜야 한다.

모든 것은 현장에 답이 있고 지점장이 판단해서 방향을 잡아야 하고 sv가 코칭 및 관리,감독,지원해야 한다.

목표필달을 위해서는 첫 번째 수순으로 사원별 타당한 목표설정부터 시작해야 한다.

사원별 목표편성 및 진척관리

매장의 월목표(연간목표)는 확정이 되어 부여가 된다(필자는 다년간 조직의 경영목표를 편성하였지만 지점목표가 책정되는 과정은 현장 실행력과는 연관성이 없기 때문에 설명을 생략한다).

지점장은 자점의 사원들에게 월목표를 배분하고 주차별 집객판촉 일정을 감안하여 사원별 주간목표 진척율을 기본적으로 guide 해줘야 한다.

이때 고려해야 할 것이 사원별 전년비 성장율과 점내 판매 비중이다. 특별한 사유 없이 전년비 역성장 목표가 있어서는 안 되고 점내 비중이 큰 폭으로 변동되지 않도록 해야 한다.

기능담당제 역할이 큰 사원은 판매비중을 줄여주고, 판매에만 올인할 수 있는 2~3년차 중견사원에게는 성장률과 점내비중을 높게 한다.

개인별 판매력과 개인적 사정을 지점장은 꿰고 있어야 모두가 인정하는 목표를 합당하게 부여할 수 있다.

사원들도 본인 목표에 불만이 없어야 한다. 완벽하지는 못하더라도 개인목표에 대한 불만은 최소화시켜야 한다. 그래야 달성하고자 하는 의욕이 생기고 점 전체적으로 효율적인 판매 역량을 발휘하게 된다.

필자는 지점장시절 매월말에 사원별 차월목표를 1차로 편성하고 개별면담을 통해 당월실적대비 차월목표부여 이유를 설명하고 협의과정을 거쳐 세팅시켰다. 그리고 별도 엑셀시트 양식에 본인들이 직접 일일목표를 입력하게 했다(개인별 휴무일정 감안).

그리고 하루하루 판매실적도 목표관리 기능담당자가 정리하여 전사원에게 daily로 공유시키고 그 sheet를 tv에 띄워

놓고 매일 조회, 종례를 시행하면서 일일, 주간, 월간 진척율, 개인별 달성율, 성장률 관리를 했다.

사원별 일일실적과 동시에 주요품목(프리미엄 전략모델 등), 주요 kpi 항목지수도 목표관리 시트에 추가하여 일진척 관리를 했다.

철처하게 눈에 보이는 목표, 실적 관리를 했으며 실시간으로 전 사원이 본인들의 현재 위치를 인지하고 전년과 비교하면서 월마감 때까지 진척관리를 하도록 환경을 조성했다.

그리고 월말 10일 정도 전부터는 월마감 체제로 전환하여 "마감관리시트"로 양식을 변경하고 daily로 미배달 설치 및 진척을 체크하면서 판매와 매출을 동시에 일자별로 진척관리 했다.(매출은 판매 이후 고객집 설치까지 완료된 숫자이며, 미배달은 판매는 되었으나 아직 설치가 되지 않은 매출 미확정분을 말함)

월초부터 월중순까지는 판매로 drive를 걸고, 매월 20일경 1차 마감예상, 27일경에는 최종 마감예상을 해가면서 월말에는 당월설치 가능한 품목(핸드케리 소물, 휴대폰, pc등) 으로 판매를 집중시켰다.

목표는 대충 관리해서는 절대로 달성할 확률이 적다.

30여 년 동안 대충 해서 달성할 수 있는 목표를 한 번도 받아 본 적이 없다. 끝까지 사력을 다하여 초집중해야 겨우 달성 가능한 수준의 목표를 항상 받아왔다.

지점장은 최소 3종류의 목표관리시트 tool kit를 가지고 있어야 한다.

복잡한 게 아니고 엑셀기초 수준이면 작성할 수 있는 시트를 본인이 만들어서 사원들과 공유하고 하루하루 같이 채워 나가는 것이다(취합작성은 목표관리 기능담당자 또는 지점장이 직접 작성).

점 전체 목표달성 진척율 관리는 지점장이 혼자 하는 것이 아니고 사원들이 모두 동참하여 본인목표와 실적을 채워 나가면서 작성해 나가는 게 좋다.

목표관리시트 tool kit 활용권장, 엑셀양식

① 사원별 월목표 배분sheet(전년비 성장률, 점내비중 감안)

② 사원별 일일목표 관리sheet(일달성, 주간달성, 월진척)

③ 사원별 마감예상 관리sheet(20일경 1차 마감예상, 27일경 최종 마감예상, 미배달 감안)

상기 과정은 본, 지사 차원에서도 지점별 월 진척관리와 월 마감예상을 진행하면서 지점장과 공유를 하고 있으나 지점장은 이와 별도로 사원별 목표진척관리를 눈에 보이게 진행해야 할 필요가 있다.

지점장이 사원별로 목표진척 관리만 잘한다고 목표가 달성되는 것은 아니다. 진정 중요한 것은 어떻게든 하루하루 일목표를 달성하고 넘어가도록 관리감독을 철저하게 해야 한다는 것이다.

필자가 지점장 시절 일일, 주간, 월간 목표달성 부진 시 점 직원들과 시행했던 "비상행동 실천지침"이다.

① 일일목표 미달성 시

– 개인별 가망고객 관리철 내용확인 및 가망고객 내방유도

– 당일 고객contact내용 점검(mms,lms,tm 시행내역 check)

– 일일 목표미달 만회책 실천사항 확인 및 코칭

② 주요품목 미달성, 역성장 심화 시

– 전 사원 점자체 공부방 시행(주1회 해당상품 담당자가 준비)

– 부진품목 확판, 성장전환책 토의(진열,연출변경, 정책공부)

– 품목담당자 경쟁유통방문 비교정보 파악 및 공유

③ 고객(내방객) 없을 때 행동지침(pm3시까지 일진척율 50% 이하일 때)

– tm: 문자발송 후 개별tm(웹tm, 가망, 단골고객 등)

– mms: 이미지활용 감성문자 발송 후 tm시행

– 발품활동: 1차상권 개인별 담당구역 발품활동 시행

　지점장은 끊임없이 매장을 구석구석 순회하며 사원들의 일일 업무과정을 관리감독 해야 한다. 일목 진척상황을 수시로 check하고 사원별 접객, 상담진행내용을 주시한다.

　상담진행이 잘 안 되어 보이면 직접 차접대를 하면서 자연스럽게 상담에 개입하여 2:1상담을 진행하면서 상담성공율을 올려 주기도 해야 한다.(사원들이 먼저 "지점장 찬스"를 요청하도록 사전에 훈련을 시켜 놓는다)

　구매금액이 커 보이는 대물손님은 가능한 한 성공률이 높은 사원이 접객하도록 하고, 소물고객이나 액세서리 고객은 신입사원이나 지점장이 직접 상담 cover하여 점 전체적인 효율상담 및 성공률 향상을 도모해야 한다.

　내방객 상담건별 접객컨트롤 작업은 굉장히 중요하다. 판매력이 약한 사원이 대물(혼수, 이사건 등) 고객을 접객하여 상담 실패하면 점 전체 목표달성에 치명적인 영향을 끼진다.

　따라서 지점장은 일과 중에 모든 내방객 및 접객과정을 매의 눈으로 치밀하게 컨트롤하고 밀착관리 해야만 한다.

사원별 강, 약점 분석: 상담성공률 타율관리

지점장은 사원별 강, 약점을 정확히 파악하고 지도해야 한다.

상품담당제, 기능담당제를 통한 전반적인 사원육성을 해 나가되, 필요시 개인별 상담성공률 분석(타율관리)을 통해 취약품목을 파악할 필요가 있다.

이것은 1년 365일 하는 것이 아니고 신임점장으로 부임했을 때나 판매침체기가 나타났을 때 한시적으로 분석하는 것을 권장한다.

전체 상담건수대비 계약체계율을 볼 수도 있으나 품목별 상담 성공률로 세분화해서 볼 필요가 있다. 별도 양식(지점장 일일 check 일지)을 만들어서 개인별(품목별) 상담건수, 성공건수를 check하고 실패건은 가망정보 획득여부도 확인한다.

1주일~2주일 정도 일정기간의 품목별 상담성공률을 통계 내 보면 사원별로 강한 품목, 약한 품목이 파악이 된다(대충 눈으로 보고 판단하는 것과 체크시트를 가지고 일정기간 통계를 내는 것은 결과가 완전 다를 수 있다)

사원별 강, 약점이 파악되었으면 점 자체에서 멘토를 정해서 1:1 코칭을 시키거나 아예 취약품목 상품담당을 시켜서 5가지 역할 수행을 통하여 집중적으로 취약품목 study를 하게 해야 한다. 그리고 지역 sv에게 얘기하여 지역 내 해당품목 공부방 시행일에 필히 그 사원을 참석시켜서 지역 최우수 사내 강사를 통해 판매 skill을 지도받도록 한다.

또한 우수한 지점장들은 일과 중에도 사원들이 상담을 성공하면 그 사원이 지점 단톡방에 바로 성공skill(집중설명 usp) 사례를 직접 올리게 하여 전 사원들에게 실시간으로 공유시킨다.

반대로 상담 실패사례도 조회, 종례시간에 공유시켜 나간다.

이러한 과정을 게을리하면 월중에 일목미달 일수가 늘어나고 요인도 모른 채 월마감을 목표미달로 마치게 될 확률이 높다.

소매는 정말 부지런해야 한다.

소매영업은 입과 머리가 아니라 손과 발이 먼저 움직여야 한다. 알고있는 것들을 바로바로 speedy하게, 꾸준하게 실천하느냐의 여부가 영업 승, 패를 가르는 key다. 현장실행력은 생각(머리), 말(입)로만 해서는 절대 나타나지 않는다. 생각나는 즉시, 말하는 즉시, 바로 실천에 옮겨야 원하는 결과를 만들어 낼 수 있다.

지점장 일일상담건 코칭사항

  – 판매 성공고객: 고객 나가신 후 반드시 구매감사 감성문자 발송여부 check

- 판매 실패고객: 실패요인 즉시확인, 가망정보 취득여부 확인, 재내방 안내하는 감성문자 발송확인.

이런 표현이 맞는지 모르겠으나 필자가 판매현직에 있을 때 이렇게 생각한 적이 있다.

- 판매사원: 하루살이(일목표에 목숨을 건다)
- 지점장: 일주일살이(한 주, 한 주 주말장사 포함 주간진척율 달성에 목숨을 건다)
- SV & 본,지사 스탭: 한달살이(한 달, 한 달 월목표 달성에 모든 것을 건다)
- 대표 & 임원: 1년살이(연간목표 달성에 모든 것을 건다)

영업조직의 존재목적은 목표달성에 있고 지점을 책임지고 있는 지점장은 조직 전체의 생사를 결정하는 최전방 사선에서 있음을 명심해야 한다.

사원들의 일거수 일투족을 치밀하게 관찰하고 모든 상담건을 성공시키기 위해 밀착지원해야 하고 판매결과를 분석하고 통계내서 현장실행력을 우상향으로 진전케 해야 한다.
막중한 책임을 느끼고 항상 깨어 있어야 하고 누구보다 부지런하고 치밀detail 해야 한다.
그런 의미에서 지점장은 영업조직의 꽃이자 기둥이다.

목표달성에 있어서 판매공식의 4가지 기본항목이 전체적으로 골고루 시너지효과를 낼 수 있도록 한다면 목표달성의 확률을 급배가 시킬 수 있다.

내방객수↑

‒ 지점은 필요 내방객 수, 사원들은 필요 접객건수를 확보

‒ 판촉가능고객 확대(멤버십고객 확대), 신규고객 집객판촉

‒ 주차별 집객 Road map 운영(주말 판촉행사)

‒ 전 사원 발품활동(중식시간 활용)

‒ 가망고객 초청활동

‒ 포인트 보유고객 초청, 제품 교체시기 crm분석 고객초청 등

접객률↑

‒ 전 사원, 전품목 상담가능토록 Arp 훈련

‒ 표준상담 mot 7단계 체득화(상시 r/p 시행)

‒ 판매 집중시간대 운영(부대업무 일절금지)

‒ 주말판매 시 full인원 근무(주중휴무 운영)

‒ 시간대별 예약상담제 운영(네이버 예약상담 활용)

‒ 지점장 점두위치 사원별 접객 control

성공률↑

‒ 상담 성공, 실패사례 실시간 공유

– 사원별 타율관리(성공율 분석)

– pvi, 정책공부 상시운영(점내 1:1 멘토제 운영)

– 금융상품 연계판매율 확대

– sv주관 공부방 활동(지역내 우수사원 상담skill 공유)

– 판매성공 사례 killing ment 공유

– 지점장 사원별 상담건 밀착지원

객단가 ↑

– 상품지식 학습(프리미엄 모델)

– +1 판매, 업셀링 판매 skill 학습

– 패키지정책 활용도↑, 프리미엄정책 활용도↑

– 혼수, 이사 고객 판매성공율 up

– 진열, 연출 부각진열(프리미엄 주력모델 차별화 연출)

2부에서 지금까지 기술한 내용을 간략하게 정리한다면 아래 내용으로 압축할 수 있다.

영업조직은 주어진 목표를 반드시 달성해야 본인의 존재이유를 당당하게 보여줄 수 있다.

[지점장 목표달성 루틴활동]

1. 상품담당제, 기능담당제를 철저하게 시행하여 효율적인 매장 오퍼레이팅을 추진함

2. 집객차원에서 멤버십고객 확대작업 365일 상시추진 및 월단위 주차별 집객로드맵 시행하여 신규 구매고객을 꾸준히 확대시킴

3. 사원별 일일목표관리를 타이트하고 디테일하게 추진하여 반드시 주어진 목표를 달성하도록 함.

공부방
활동 가이드

지역별 공부방활동 활성화는 지역내 best 판매사원의 우수 역량 확대전파를 통하여 지역 전체적인 판매력 상향평준화를 도모하면서 사원들 간 소통도 원활하게 할 수 있다.

지점내 상향 평준화는 지점장 중심으로 상시 진행하고 지역별 상향 평준화는 sv와 지역 내 우수사원이 주관이 되어 일관된 계획하에 꾸준하게 추진해야 한다.

공부방 주관: sv, 사내강사(지역 내 우수사원)

- 지역별 sv와 지역내 사내강사가 주관하고 특히 sv는 반드시 공부방 활동 시작부터 종료 시까지 참석해야 함
- 처음 시작부분에 금번 공부방 테마선정 의미와 학습방향을 설명하고 마지막 종료시점에서 사내강사가 교육설명한 당일 학습내용의 핵심포인트를 간략하게 요약하여 한 번 더 주지시켜야 함.

참석대상: 학습 필요사원

- 각 지역별 지점수가 sv별로 15점 내외임을 감안하여 각 점에서 1명씩 15명 참석, 또는 절반씩 구분하여 7~8명 규모로 참석시켜도 됨. 당일 학습테마의 내용에 따라 근거리지점끼리 구분하여 시행할 것인지 지역전체 통합하여 시행할 것인지를 판단함.
- 참석사원 선정은 주로 각점의 판매 부진사원, 신입사원, 부녀사원, 판매 슬럼프사원 등 심화학습의 필요성이 요구되는 사원을 점별로 1명씩 선정하여 참석시킴.

공부방장소: 사내강사 근무매장

- 공부방 사내강사가 근무하는 매장으로 집합
- 사내강사 근무매장에 모여야 해당품목의 진열, 연출 실제상황을 보면서 비교설명 스킬 등 실제 상담사례를 해당코너에서 학습하기 용이함.

시행일자: 매주 목요일 추천(목요공부방)

- 일주일 중 내방객 수가 가장 적은 목요일이 좋다고 생각됨.
- 공부방 참석대상 사원은 목요공부방 참석을 감안하여 사전에 개인별 휴무스케줄 조정시킴.

운영시간: 1h ~ 1.5h

- 지점 간 이동시간 감안 토탈 2시간 이내로 운영함이 좋음.
- 실제 공부방 학습시간은 1h에서 1.5h 정도로 집중해서 시행함이 좋고

1.5h 초과되면 집중도가 떨어짐

- 집합시간은, 일과중에는 자점에서 근무를 하고 퇴근시간 전 pm 6시경
에 이동하여 pm 7시 이전에 시작함이 좋음(종료시간은 pm 8시 퇴근시간을
넘기지 않도록 함)

시행횟수: 월2회

- 주로 월초~월중 2~3주차에 시행하고 지역별, 점별 주력 판촉주차와
행사일정을 피하여 시간편성하되 sv는 사전에 월별, 주차별 공부방 시
행계획을 지역 내 지점장들과 상의하여 횟수, 시기, 참석대상을 사전에
fix 시킴

SV주관 지역 공부방 활동

공부방 강사: 사내강사운영

- 공부방 강사역할은 지역내 각 품목별, 테마별 최우수 사원으로 선정함

- 사내강사는 본인의 강의주제를 사전에 숙지하고 세부 강의 내용을 sv 와 상의하여 준비함(본사정책자료, 상품 pvi자료, 우수 판매사례, 경쟁사정보 등 사전수집)

- 사내강사 선발은 sv와 지역 지점장들이 협의하여 선정하고 본사에 추천하여 확실하게 개인적인 보상을 해주어야 동기부여가 됨(사내강사료 지급, 평가, 승진, 승격 시 advantage 부여 및 해외연수 시 우선기회 제공 등)

- 사내강사를 중심으로 지역별 판매력을 레벨업 시키는 것이 핵심 포인트인만큼 사내강사 역량과 노하우를 정확히 판단하고 선정하여야 하며, 사내강사 역할을 수행한 사원은 향후 지역 내 핵심 지점장으로 육성해 나가야 함.

학습테마(공부방 주제)

- 신상품, 주력상품, 전략상품, 시즌상품, 프리미엄상품 등 주요 품목별로 시즌에 맞는 품목을 선정하여 판매스킬, usp, 성공율 킬링멘트, 비교설명 스토리 등 사내강사의 우수판매 노하우를 공유시키고 대고객 level up된 상담스킬을 주지시킴

- 혼수판매, 이사수요판매 달인, cs 우수사원, 가망고객 성공율 우수사원, 객단가 up사례, 성공률 up사례, 단골고객 형성, 재구매율 향상, 정책활용도 우수사례 등 상품지식 외 각 테마별 다양한 판매스킬 best 사원도 사내강사가 되어 지역 전체 판매력과 실행력을 종합적으로 향상시

켜 나가야 함.

공부방 참석사원은 본인의 학습내용을 익일 자점 조회시간에 지점 사원들과 공유, 전파토록 하여 지역전체 실시간 상호 학습효과를 창출할 수 있도록 해야 한다.

필자가 sv시절에는 지점장들 간에도 개인별 주특기를 지정하여 매주 수요일 지점장 수요미팅 회의를 통하여 상호 노하우를 공유토록 하였다.

우수판매 사원의 우수역량을 지역 내 전체사원에게 전파시키고 공유하는 공부방활동의 효과는 크게 비용 안 들이고 엄청난 인적자산의 노하우들을 효율적으로 공유시킬 수 있는 방법임을 명심해야 한다.

주요 역할 정리
(SV, 지점장, 판매사원)

Who	Role	By What
SV 본지사회의 수요미팅 (sv주관) 목요공부방 토요 patrol 관할지역점 순회점검	매장 상태관리 체크	주차별 매장방문, 토요 patrol (필요 시 기간설정 집중순회) (매장점검 체크리스트 활용)
	지점장 소매능력 상향 평준화	수요미팅 (사례공유, 지점장교육, 주차별 실적체크)
	부진점 개선대책 추진	부진점 워크숍 (점사원 전체참석)
	우수사원 육성	지역공부방 활동주관 (우수사원 근무점 집합교육) → 지역 내 판매부진사원 대상 상향평 　준화 (우수사원 dna, skill 공유)
	주차별 집객 확인, 점검	주차별 집객 road map 확인, 점검, 협의 (매장순회)

Who	Role	By What
지점장 조회,종례 단톡방운영 수시면담 개별코칭	사원 육성	cs mind 교육(by nps, daily check) 상품담당제+기능담당제운영 (역할수행 코칭) 사원별(품목별) 타율관리, 성공율 up (점내 1:1 멘토제 운영)
	집객	스마트 crm(상권분석, 고객분석) 주차별 집객 road map 운영 상권개척 (발품활동)
	목표달성	내방객*접객율*성공률*객단가 (각 항목별 kpi관리) 목표관리 tool kit 활용 (일일, 주간, 월진척관리) 가망고객 관리 (사원별 가망현황 상시체크)

Who	Role	By What
판매 사원 고객접객 경쟁유통 방문 홈쇼핑 시청	cs 실천사항	표준상담 mot 7단계 체득화 (상시 r/p 시행) cmi, npc, voc 매일 확인 및 개선사항 즉시실천
	제품지식 학습	신상품 학습자료(pvi) usp 우선습득 및 사원공 유(조회, 종례, 단톡방) 경쟁사 제품정보 습득, 공유
	판매정책 학습	정책가이드 우선습득 및 사원공유(조회, 종례, 단톡방) 경쟁유통 판매정책 습득 및 사원공유

판매 사원 고객접객 경쟁유통 방문 홈쇼핑 시청	목표달성	일목표, 주간목표 달성 위한 필요상담고객 집 객 및 접객 담당품목 판매추이 분석, 공유 (일실적, 주간실적, 월진척) 경쟁유통 비교분석 (판매정책, 진열상태)
	적정재고 운영	진열재고: 진열 sku 관리 운영재고: 적정 보관재고 산출, 상시점검(재고 주문관리)
	진열, 연출, 청소	담당상품, 코너 진열상태 상시 체크 진열, 연출가이드 상세실행
	가망고객관리	모든 상담실패, 구매유보건 가망내역 데일리 정리(가망고객 관리철)
	배송, 설치 관리	판매고객 배송, 설치 확인 체크

Legend 실전
판매사례

사례1
상권개척 (야쿠르트 발품활동) - 최우석 지점장

최우석 지점장은 필자와 특공TF를 같이했던 멤버이다.

코로나 직전년도에 뜨거운 여름 동안 부산, 경남지역에서 불황극복 TF활동을 같이했던 멤버이다.

최 지점장의 "야쿠르트 발품활동 사례"는 전무후무한 상권 개척 사례로 인정받고 있다.

대구에 있는 서비스점 지점장으로 발령받은 최 점장은 만성 적인 역성장 매장을 성장세로 전환시키기 위하여 "골목대장 프로젝트"를 시작하였다.

우리 매장에 대한 진솔한 얘기를 해주는 고객을 찾아, 직접 만나서 부진원인을 찾기 시작했다. 멀리 있는 고객보다는 매장

옆에 있는 가게 사장님, 근무직원분들부터 만나기 시작했다.

매일 아침 지점장이 박카스, 야쿠르트를 들고 인사부터 하였다. "안녕하세요 좋은 아침입니다." 이웃사촌의 모습으로 고객에게 다가갔다.

1주일이 지나니 내가 누구라는 걸 알게 되고 15일이 지나니 처음에는 불편해하고 경계하던 고객들이 먼저 아는 체를 하고 음료나 간식을 나눠 주면서 마음의 문을 열기 시작하였고, 우리 매장에 대한 쓴소리와 격려의 말씀을 해주기 시작하였다.

최 점장은 그렇게 2년 동안 상권 내 방문활동을 지속적으로 진행하였다. 매일 아침(am 9시~10시 30분) 100~200개의 야쿠르트를 쇼핑백에 들고 "눈물의 야쿠르트" 상권 개척 활동을 진행한 것이다.

월: 수성경찰서(1, 2층), 경찰청 광역수사대, 수성구청

화: 휴무

수: 삼성생명 (3개지점), 지역단

목: 삼성증권 대구지점, 에스원 관제센터

금: 수성경찰서(3, 4층), 범어동 상가, 대구은행, 수협

토: 범어동 학원, 미용실, 약국

일: 남부상가시장, 대동시장

지점의 차별화 포인트로 지점장부터 전 사원 "나비 넥타이"
를 맸다. 그리고 사원들 명함에 닉네임도 넣었다(미소왕, 응대왕,
휴대폰왕, 친절왕, 설명왕, 인맥왕).

그리고 매일 아침 사원들과 함께 발품활동을 하면서 알게
된 고객님들에게 행복한 하루를 열게 만드는 Lms(문자)를 발
송하였다. 판매목적이 아닌 아침인사로 재밌고 코믹하게 내용
을 만들어 하루를 즐겁게 시작하자는 "행복전도사" 역할을 한
것이다.

고객에게 매일아침
발송하는 감성문자

최 지점장과 사원들은 발품영업 상권도를 매일매일 그리면서 방문에 방문을 지속하였다. 매장 앞 도로기준 양옆으로 학원 342개, 병원 84개 등 네트워크를 구축하고 매장주변 오피스상권을 파악하고 정리하였다.

매장 중심으로 형성된 상권을 하나의 거대한 백화점이라 생각하고 백화점의 여러 인숍을 돌면서 인사하고 구매수요를 관리한 것이다.

나를 알리니 "모르는 사람보다 그래도 얼굴이라도 알면 찾아가자" 심정으로 단골고객들이 확보되었다. 나를 알고 신뢰가 생기면 어떤 혜택을 설명해도 신뢰를 느끼게 되고 성공률은 기대치를 넘어선다.

모든 고객에게 판매도 중요하지만 나의 팬을 만들고자 노력하였고 물건을 못 팔아도 내 이름과 특징은 고객에게 각인시키려고 노력하였다. 단골고객 1명은 100명의 고객을 몰고 온다고 생각하고 단골고객을 열심히 만들었다.

이렇게 만들어진 1,000명의 단골고객은 명예지점장이 되었고 지점의 판매전도사를 자처하였다.

2년 동안 끊임없이 진행된 야쿠르트 발품활동과 고객에게 드리는 "행복전도사" 활동은 마침내 "나비를 사랑하는 1,000명의 전도사(명예 지점장)"가 되어 메아리로 돌아온 것이다.

첫 해: 어색, 경계, 눈물

둘째 해: 구매연계

셋째 해: 소개, 지인확대

1,000명의 지점장

수성경찰서 300명	수성구청 100명	남부상가시장 100명	경찰청 50명	삼성증권 50명
삼성생명 150명	범어동 4동상가 100명	범어동 2동상가 100명	미용실 30명	학교/학원 30명
은행/금융 50명	병원/약국 20명	에스원 30명	옷상가 20명	동네 100명

　　1,000명의 지점장들은 판매확대를 위한 의견들을 자발적으로 내주었고 이러한 의견들은 상권활동 업셀링의 집합체가 되었다.

유치원생 매장 초청행사

그리고 사업체에 근무하시는 단골고객과 지역모임과도 연계되어 자연스럽게 B2B확판활동, 지역상권모임 프리미엄상품 판매확대가 이루어졌다.

지역주민 매장초청 작은음악회 행사

또한 상권 내 지역업체 제휴판매도 활로가 개척되어 혼수, 이사 수요에 대한 확판과 프리미엄상품 판매확대가 이루어지게 된다.

상권 내 보험회사 방문 상품설명

상권 내 카드회사 방문 상품설명

위와 같은 놀라운 변화는 다른 매장과 비교할 수 없는 목표 달성율, 전년비 성장률로 나타났고 최점장과 지점 사원들은 회사의 연말 영업대장 포장을 2회 연속 수상하게 되었다.

이러한 최 점장 상권확대 사례는 어떻게 만들어졌을까?
"눈물의 야쿠르트 발품활동"으로 불려지는 본 사례는 필자가 진정으로 인정하는 소매영업 상권개척 사례이다.

누구나 물어볼 수는 있다.
어떻게 하면 장사를 잘할수 있나요?
어떻게 하면 목표를 달성할 수 있나요?

그러나 최 점장처럼 솔선하여 몸으로 부딪히며 2년 동안 한결같이 점주변 상권부터 하나씩 발품을 팔면서 사원들과 함께

상권, 거래선, 고객을 개척하고 무려 1,000명의 명예지점장,
전도사를 만들어내는 사람은 보지를 못했다.

매장 오퍼레이팅 변화와 혁신

– 지점 부진원인을 정확히 파악

– 전 사원과 부정적이고 수동적인 mind 탈출

– 할 수 있다는 새로운 자신감 형성

– 이미지 변신 (나비넥타이, 닉네임명함, 행복전도사,문자활동)

– 상권전문가 만들기 (상권을 누구보다 잘 알게 만듬)

– 주위 상권 고객들의 지인소개건 흡수 (상권고객 담당제 운영)

– 상권 내 고객들의 충성고객 만들기

– 새로운 판촉 tool (발품활동) 지점장 솔선수범 (2년 동안 끊임없이 추진)

매장 sku 및 진열, 연출 개선

– 진열집기 축소 주동선 확보

– 대물 라인업 축소로 상담공간 및 동선 확보

– 전면 윈도우 상담table 배치 "카페" 분위기 형성

– 무분별한 포스터, pop 제거 노출도 간소화

– 1층 휴대폰 진열공간 노출도 up시켜 1층 고객 유입율 up

제품지식 전문가 양성

– 매주 수요일 r/p데이 및 제품 격파데이 운영(1:1 r/p 시행, 상담자세 개선)

– 경쟁사 시장센싱 (사원별 경쟁사 과제 부여 후 전 사원 공유)

– 나만의 멘트 만들기 (핵심 usp개발, 상담 killing멘트 공유)

– 전사원 휴대폰 arp 가능토록 교육

– 지점장 출제 "쪽지시험" 조회시간 운영

위와 같은 최 지점장의 상권개척 발품활동 솔선수범과 매장 오퍼레이팅 개선의 종합적인 결과로 본 사례는 최고의 소매영업 사례로 만들어졌다.

최 점장과 특공T/F 활동을 하면서 부산, 경남지역 매장 지점장과 전 사원들에게 최 지점장 시절의 발품사례, 상권개척 사례를 구체적으로 직접 교육시켰고 시황돌파 상권개척 dna를 전파하였다.

그리고 이후 필자와 함께 백화점팀으로 발령받은 이후에도 전국의 백화점 판매사원 대상으로 백화점내 야쿠르트 발품활동을 통한 백화점 인숍업체 우군화 작업을 추진하도록 guide하고 현장지도 하였다.

아무리 우수한 사례를 guide하고 전파하여도 최 점장처럼 진심으로 우러나와서 자발적으로 실천을 하지 않으면 결과를 만들어 낼 수 없다.

어려운 시황을 진정으로 돌파하고자 발버둥치는 간절한 마음이 있어야 그 영업조직은 우수사례도 효과를 볼 수 있고 마지못해 하는 척 따라 하는 영업조직은 효과가 미미했다.

언젠가 최 부장과 대구지역에 출장을 갔었을 때 주변식당에 점심을 먹으러 들어간 적이 있다. 최 부장이 전에 지점에 근무할 때 상권활동을 했던 식당이었다.

몇 년이 지났음에도 식당 사장님, 사모님부터 주방, 홀에서 일하시는 분들까지 다 나와서 최 점장의 손을 잡고 정말 오랜만이라고 인사를 하는 모습을 보았다.

진정한 영업을 해야 볼 수 있는 보기 드문 모습을 눈앞에서 직관하면서 한참동안 울컥하는 심정을 내색하지 않으려 애를 먹었던 기억이 있다.

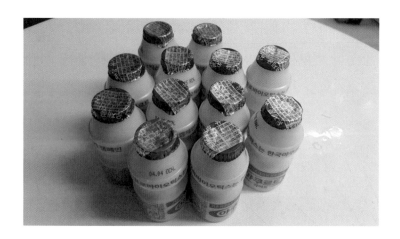

야쿠르트 발품활동으로 만들어진
1,000명의 명예지점장님들

사례2
Cs장인의 혼수, 단골고객 확대 – 최윤경 차장

최윤경 차장은 cs mind로 무장된 셀프리더십 대표주자이다. 필자가 cs혁신그룹장 시절 업무를 같이했던 사원이다.

부산지역에서 소문난 cs 달인을 서울로 불러 올렸고 필자와 cs 혁신그룹 업무를 같이한 후에 마케팅 부서에서 품목담당 pm, 혼수TF를 거쳐 다시 본업인 판매현장에서 괄목할만한 성과를 보여주고 있다.

개인 월판매 기네스가 12.5억이다.

한 명의 판매사원이 중, 대형점 한 달 전체판매를 달성한 셈이다.

어디에서 이런 괴물같은 실적이 생겨난 것일까.

최 차장은 사원시절 부산 근무점에서 2년 6개월간 본인 구매고객 420명에게 연속으로 cmi 매우만족 100점 평가를 받은 기록이 있다.

당시 4년 연속 cs 전사1등을 하였고 판매실적도 연말포장을 휩쓸었다. 내가 본 최 차장은 cs mind로 완벽하게 무장되어 있고 신입사원 시절부터 cs에 기반한 고객지향적 판매가 몸에 배어 있는 사람이다.

그야말로 완전판매를 철저하게 실천하는 사람이다.

완전판매 (完全販賣):

내가 판매한 제품이 이 세상에서 없어질 때까지 상품과 고객을 성심껏
care 해드리는 것.

특히 최 차장의 차별화 point는 판매 이후에 발생할 수 있
는 고객 불편함을 사전에 확인하고 자진하여 미리 해결해 주
는 데 있다.

배송, 설치시간 확인 후 고객에게 변동사항을 먼저 수시로
알려드리고 as사항 발생 시도 중간에서 판매사원이 자진하여
as센터에 접수하고 수리진행 여부도 확인한다.

자발적인 부지런함과 책임근성 없이는 실천하기 어려운 사
항이다.

폭발적인 기네스판매를 했음에도 그 수많은 판매건에 한 치
도 소홀함이 없다.

상담 skill도 고도로 발달하여 "사전 예약상담 시간제"를 운
영하여 틈새 없는 효율적 상담을 진행한다.

회사의 모든 판매정책을 full로 동원하여 최고의 혜택을 고
객에게 선사하니 최 차장과 상담한 고객들은 확신에 찬 구매
결정을 하고 만족을 얻고, 또 다른 지인들을 소개판매하여 자

발적인 고객 확대 재생산을 만들어 주고 있다.

　최 차창은 그 바쁜 영업활동중에도 대학원에 진학하여 석사
학위를 취득하였다.
　그의 연구논문 내용도 "판매사원의 셀프리더십"이었으며 판
매와 연관된 감성지능과 고객지향성의 상관관계를 연구하여
본인이 가지고 있는 영업의 우수인자를 학술적으로 확인하고
논리적으로 증명하였다.

　다음의 최 차장의 레포트내용을 보면 최 차창의 cs철학을
그대로 확인할 수 있다.

　"세상에 나쁜 고객 좋은 고객이 따로 있는 것이 아니다.
　직원으로 인해 불만이 생기거나 또는 제품에 문제가 발생했
을 때 초기응대를 어떻게 하느냐에 따라 좋은 고객 또는 나쁜
고객으로 기억될 수 있는 것이다. 소위 블랙리스트라 일컫는
고객도 어떤 직원을 만나느냐에 따라 결과는 달라진다.
　그래서 난 세상에 나쁜 고객은 없다고 믿는다.

　매출은 cs의 부산물이다.
　고객을 진심으로 아끼고 좋아하면 매출은 자연히 따라오기
때문이다.

난 다른 직원들보다 조금은 더 편하게 매출을 올린 것 같다. 제품에 이상이 생겼는데 불만을 토로하지 않는 고객은 없을 것이다. 다만 그 고객의 상황을 공감하며 조금이라도 도움이 되기 위해 진심으로 노력한다면 고객 또한 직원에게 고마움을 느낄 것이다. 그런 직원의 진심이 결국 단골고객, 충성고객을 만드는 것 같다.

나 또한 처음부터 단골고객이 많았던 건 아니다.

진해로 이사왔을 때 가족 외 아는 사람이 한 명도 없었다.

그때 난 신입사원이나 다름이 없었고 선배들은 최소 3년 최대 10년동안 그 매장에서 일을 해왔기 때문에 대부분의 고객 얼굴을 알고 있었고, 내가 상담을 하려고 하면 고객에게 인사하며 다가오는 선배들이 많아서 물러날 수 밖에 없었다.

그래서 대물상담(고가제품)은 거의 할 기회가 없었고 막내였기 때문에 당연한 일이라고 받아 들였다.

그때부터 난 선배들의 관심이 적은 소물고객에게 집중했다.

2~3만 원 상당의 드라이기, 믹서기 등을 구매하러 온 고객에게도 차를 대접하고 구매 후에도 잘 사용하고 있는지 안부전화를 했더니 다들 깜짝 놀라 하셨다. 작은거 샀는데 이렇게 전화도 주냐며 고마워하셨고 다음에 전자제품 살 일 있으면 꼭 아가씨를 찾겠다며 말씀해 주셨다.

그런데 진짜 그 작은 제품들을 구매한 고객님들이 다시 매장에 방문해 주기 시작했다. 그 고객님들은 지인들을 한 명씩 데리고 와 선배들이 아는 척을 해도 나에게 상담을 받겠다며 내 손을 잡아 주셨다.

내가 매장에 없는 날이면 내일 다시 오겠다며 제품만 보고 돌아가는 고객들도 있었다. 연간 구매금액으로 고객등급이 정해졌는데 3년 가까이 됐을 무렵 난 10년 된 선배보다 우수고객, 단골고객이 더 많게 되었다.

어느날 상담하는 도중 나와 고객의 웃음소리를 듣고 선배가 "윤경이 단골고객 오셨나 보네"라고 했지만 그 고객은 매장을 처음 방문한 고객이었다.

당시 난 고객을 상담할 때 나만의 철칙이 있었다.

첫째, 상담하는 동안 고객님을 3번 이상 웃겨 드리기
둘째, 배송당일 기사님께 전화하여 배송상황 체크하고 친절하게 설치해 달라고 부탁하기
셋째, 고객님께 전화드려 대략적인 설치시간 안내 및 안심시켜 드리기
넷째, 저녁에 문제없이 설치가 되었는지 확인하고 감사인사 드리기
다섯째, 3일 후 제품 잘 사용하고 계신지 안부전화 드리기

마치 신기하게도 고객님이 3번 정도 웃으시면 경계심을 풀고 일상적인 대화가 이어졌고 90% 이상이 구매로 이어졌다.

그렇게 소중한 인연으로 다가온 고객님들께 최선을 다하는 건 판매사원으로서 당연한 의무라고 생각했다.

그래서 아주 사소한 실수도 하지 않으려 노력했고 내 소중한 고객님께 피해가 가는 일은 절대 용납할 수 없었다.

우리와 협력관계에 있는 삼성 물류센터, 서비스센터, 심지어 우리 회사라 하더라도!

보통 배송당일에 설치기사가 고객님께 아침일찍 전화를 해서 약속시간을 정하는데 고객이 미처 받지 못할 경우나 물량이 많을 경우 연기시키거나 설치시간이 지연되어 약속시간을 못 지키는 경우가 많았다.

그래서 그런 일들을 미연에 방지하기 위해 난 퇴근 전 익일 배송건들을 수첩에 메모하고 아침에 일어나서 출근 전에 물류센터로 전화를 해서 내 판매건들을 배송할 기사님들 연락처를 확인한 후 건별로 전화를 드려 고객님의 성향과 약속시간을 알려드리고 혹시라도 전화를 받지 않더라도 꼭 제품을 출하시켜 달라고 부탁하며 친절하게 설치해 달라고 당부했다.

출근 전에 전화를 하는 이유는 전산상으로 새벽에 배송설치

기사가 배정되기 때문에 내가 매장에 도착하는 시간에는 이미 기사님들은 제품을 싣고 출발한 이후가 된다.

그래서 내가 조금 힘들더라도 혹시라도 발생될 배송지연, 연기 등을 사전에 예방할 수 있고, 나에게 구매해준 고객님의 제품이 잘 설치되는지 확인하는 것이 하루 일과의 첫 번째 업무라고 생각했다.

기사님과 통화가 끝나면 난 당일 설치될 고객님께 전화 드려 설치 잘 받으시라고 안심시켜 드렸고 설치 후에도 전화를 드려 설치 받으면서 문제는 없었는지 제품은 잘 사용하고 계신지 안부전화를 드렸다.

간혹 기사님의 불친절로 인해 기분이 상한 고객이 있을 경우 거듭 죄송함을 전하고 물류기사님께 피드백하면서 기사님의 표정, 말투, 행동들이 삼성의 얼굴임을 강조하며 내 소중한 고객님께 친절히 대해 줄 것을 부탁드렸다.

그래서 내가 아침마다 전화하면 당시 대부분의 기사님들이 윤경 씨 무서워서라도 윤경 씨 고객님은 무조건 신경쓰고 있으니 걱정하지 않아도 된다는 얘기를 해주셨다.

소매영업에 있어 판매사원의 역할과 책임은 정말 중요하다. 하지만 대부분의 판매사원들이 바쁘고 힘들어서 그런지 판매성공을 위해서는 온갖 달콤한 말로 고객을 설득하고 최선을 다하지만 판매에 성공하고 나면 해야 할 역할을 다했다고 생각하는 사람들이 많은 것 같다.

　물론 제조, 판매, 배송, 서비스 등 각각의 역할과 책임이 있다. 하지만 내 생각은 조금 다르다.

　고객과 처음으로 관계가 형성되는 판매사원은 그 어떤 업종보다 막중한 역할과 책임을 가지고 있다고 생각한다.

　가령 판매사원이 정말 열정을 다해 판매를 했는데 제품이 불량 났다고 한다면 그냥 서비스센터에만 맡겨야 할까?

　제품불량 책임은 생산과정에 있는 것이 분명하며 그 제품을 수리해 주는 곳은 서비스센터에서 담당하는 것이 마땅하다. 그래서 보통 판매사원이나 판매처에서는 서비스센터로 연락을 하라고 전한다.

　하지만 난 제품이 불량 났을 때엔 판매사원에게도 책임과 역할이 분명 있다고 본다.

　그 책임과 역할이라 함은 제품불량에 대한 책임이 아닌 고객의 마음을 헤아리고 공감을 해야 한다는 뜻이다. 고객은 제품에 문제가 생겼을 때 구매처 또는 담당 판매사원이 가장 먼저 떠오를 가능성이 높다. 왜? 돈을 지불하고 그 직원에게 구매를 했기 때문이다. 직원은 그 감사한 마음을 끝까지 잊지 않고 직원으로서 할 수 있는 최대한의 노력을 해야 한다고 생각한다.

그래서 제품의 문제가 발생해 화가 나고 속상한 고객 대신 판매직원이 서비스에 직접 연락을 하여 상황을 설명드리고 고객 대신 방문접수를 해드리는 것이 나에게 구매를 해주신 감사한 고객에 대한 최소한의 도리가 아닐까.

그리고 거기서 끝나는 것이 아닌 서비스기사 방문 이후의 진행과정 및 결과에 대해서도 끝까지 관심을 갖고 챙겨야 하며 고객님의 마음까지 다독여드려야 한다.

영업 일선에서 열심히 뛰면서 하루에도 수십 명씩 응대하고 있는 동종업계에 종사하는 사람들 중 일부는 내 의견에 동의하지 않을 수도 있다. 판매사원은 판매접점에서 고객응대에 집중하는 것이 최선이고, 제품 불량이나 문제는 서비스센터에서 담당해야 하는 것이 효율적이라고! 물론 틀린 말은 아니다.

다만 최소한 본인이 판매한 고객만큼은 제품이 잘 설치되었는지 사용하는 데 문제는 없는지 끝까지 책임지고 관심을 가져야 한다고 생각한다.

만족과 감동은 다르다.

만족은 지불한 대가에 대한 기본적인 결과값이다.

하지만 감동은 일반적인 상황에서는 느끼기 힘들다.

고객이 전혀 기대하지 못했던 상황에서 특별한 추억을 만들어 드리거나, 문제가 생겼을 때 수단과 방법을 가리지 않고 고객을 위해 노력해야 그 마음이 전해지고 결국 감동으로 이어지는 것이다.

감동은 단골고객과 충성고객을 만들기 때문에 판매에 성공하기 위해 노력하는 것보다 훨씬 더 중요한 이유이기도 하다.

동일한 제품이 다양한 채널에서 판매되는 이 시대에 살아남기 위해서는 타유통, 타매장, 타직원이 아닌 우리 매장으로 발걸음을 돌릴 수 있도록, 또는 다른 직원이 아닌 날 찾아올 수 있도록 차별화된 응대법이 필요하다. 가장 쉬운 방법은 고객을 진심으로 아끼며 감동을 드릴 수 있는 방법이 무엇인지 고민하면 된다.

실제 구매에 영향을 끼치는 요소에 가격, 정책, 성능, 기업의 이미지, A/S, 판매사원 등 여러가지가 있겠지만 개인적으로 난 그중에서 판매사원의 역량이 구매를 결정하도록 돕는 아주 중요한 요소라고 생각한다.

하지만 기분좋게 구매하더라도 배송이 늦어지는데 판매직

원은 전혀 모르고 있다거나 빨리 연락달라고 전화를 했는데도 답변이 늦어지거나 제품설치 후 불량이 생겼는데 직원은 전화 한 통 없다거나 한다면 고객님은 아마 그 직원에게 큰 실망을 할 것이다. 그래서 판매 후에 신경 쓰지 않는 그 직원을 다시는 찾지 않을 것이다.

회사는 그 직원 1명으로 인해 고객을 잃게 되는 것이고 또 그것으로 끝나는 것이 아니다.

불만고객의 파급력은 가히 엄청나며 1명의 불만고객은 가족, 동료, 친구 등 최소 90명에게 불만을 토로한다는 와튼스쿨의 '불만고객 연구보고서' 내용을 본 적이 있다. 그만큼 1명의 고객을 만족시키기 위해서 엄청난 노력이 필요하지만 응대를 잘 못해 고객을 잃는 건 한 순간이며, 잃어버린 고객을 되찾기에는 처음보다 10배 이상의 노력이 필요할 것 이다.

물론 직원의 응대방법 및 cs력을 그 직원만의 잘못이라 보기는 어렵다. 회사에서 실적만 중요시하는 구조를 만들어 놓았다면 직원도 실적만 중요하게 여길 것이다.

그래서 난 소매영업에 있어서 가장 중요한 건 사람 즉, 판매사원이라고 생각한다.

10명의 고객이 매우 만족했다 하더라도 1명의 불만고객이 생겼다면 그건 결국 실패한 응대나 다름이 없다.

단 1명의 불만고객도 만들지 않겠다는 일념이 내가 4년간 CS 전국 1등을 한 원동력이라 생각한다."

최 차장은 당사 강남지역 최대매장 오픈 판촉 시에 전무후무한 기네스판매 (월판매 12억 5천만 원)를 기록하였고 그 핵심 요인은 혼수고객 집중 공략이었다.

전국의 수많은 가전매장 중에 우리 매장의 나를 찾아와 주신 혼수고객과의 인연을 특별하고 소중한 인연으로 생각하고 진정성을 가지고 최 차장만의 인연만들기를 이어갔다.

[최윤경 사원의 혼수고객 인연만들기 Process]

1. 당사와 경쟁사제품 비교설명으로 당사제품 우수성 부각

2. 최윤경 package구성 제안 및 up selling, cross selling 제안

3. 정책 full활용 최종견적가 제시 후 계약금 받고 고객 lock in

4. 본상담은 혼수입주 2~3주 전에 100% 예약상담으로 진행 (최종 혜택 확정상담)

5. 제품설치 후 +1년까지 고객 care 해드리기

최 차장은 본인만의 혼수상담 process를 구축하고 확신을 가지고 상담에 집중하여 성공률을 극대화시킨다.

많은 상담보다는 적게 상담하더라도 한 건 한 건 초집중하여 고객의 needs를 파악하고 고객의 만족도를 극대화시킨다.

최 차장의 고객지향적 고민해결형 상담으로 한번 고객은 단골고객이 되고 또 다른 인연을 소개시켜 주는 선순환을 만들어낸다.

최 차장의 혼수상담 필살기 ment는 수차례 동영상으로 제작되어 사례화되었고 지금도 신입교육 및 기존사원들 대상 교육자료로 활용되고 있다.

최 차장의 모든 판매건에 담겨진 진정한 story는 철저하게 cs mind에 기반된 고객사랑이며 고객의 고마움에 대한 충성심의 보답이다.

그야말로 소매영업에서 궁극적으로 추구하는 완벽한 완전판매完全販賣의 표본이다.

최윤경 차장의 단골고객만들기 상담내용

"매출은 **CS**의 <u>부산물</u>이다!"

"<u>인연</u>이 아닌 <u>고객</u>은 없다!"

최윤경 디테일러의
마법같은
고객감동 노하우

최윤경 D'tailor
(DP 삼성대치본점)

저는
디테일러
최윤경 ——— 입니다

사례3:
전사판매왕의 영업 마인드 - 송영민 그룹장

송영민 그룹장은 05년 7월 ROTC공채로 입사하였다.

신입사원 시절 교육 받을 때는 입사동기들 중에서 그렇게 주목받지 못한 평범한 신입사원이었으나 입사 6개월차에 신입사원 보수교육 시점을 계기로 "전사판매왕"이 되겠다는 각오를 대표와 임원들 앞에서 공언하게 된다.

그리고 본인이 뱉은 말에 대한 책임을 지고자 뼈를 깎는 노력을 하여 실제로 그 다음달에 전사판매왕이 되었고 거의 매달 지사판매왕, 전사판매왕 타이틀을 놓치지 않고 유지하게 되었으며 그해 연말 연간매출 28억 달성으로 전사1등 판매왕과 시상금 15백만 원을 수상하였다.

이러한 괄목할만 한 판매실적을 만들어낸 결과 08년에 서현점(현, 분당점) 최연소지점장으로 발령이 났고 그 이후 야탑점, 경기광주점, 이천증포점, 강남본점, 삼성대치점 지점장을 거치면서 가는 곳마다 지점 기네스매출을 갱신시키는 기염을 토하게 된다.

특히 필자가 전국 최대격전지 강남지역 SV를 담당하던 시절 송 그룹장이 강남본점 지점장을 하였는데 지점장들 중에서도 주간단위 "집객 로드맵" 실천을 통한 주차별 집객 활동을 제일 잘 하였고 그 결과로 탁월한 영업실적을 창출해 낸 사례가 있다.

당시에 길 건너편에 있는 경쟁유통 매장도 전사 최대매장이었으며 두 지점은 사생결단으로 하루 하루 치열한 판매경쟁을 하였는데 송 지점장은 "휴대폰 월 1천대 기네스판매 달성"을 돌파전략으로 삼아 경쟁유통을 압도한 기록이 있다.

그리고 이어서 맡게 된 전사 최대규모 신설매장 삼성대치점 지점장 시절에는 최초로 스타벅스를 입점시켜 콜라보한 매장을 만들었고, 20년 10월에 회사 창사 이래 한 매장에서 월매출 100억을 달성하는 대기록을 만들어 냈으며 연간매출 300억 달성이라는 기네스 기록도 만들어 내고야 말았다.
이로써 송 지점장은 대표로부터 공개적으로 "판매 Legend 송영민"이라는 찬사를 받게 되었다.

신입사원 입사 6개월차 이후부터 판매사원 시절이나, 지점장 수행시절에 가는 곳마다 줄곧 판매왕과 기네스매출을 확대재생산 해내고 있는 송 그룹장의 영업에 대한 Mind를 직접 들어 보겠다.

전사판매왕이 되려면

영업은 간단하다.

매출=상담객×성공율×객단가이다.

우선 상담을 많이 해야 한다.

영업사원 때 정말 하루도 쉬지 않고 일했다.

못 쉰 게 아니고 쉬지를 않았다.

그당시 전사판매왕을 하려면 최소 월2억 매출을 해야 했고,

2억 매출을 만들려면 3억 정도 판매를 해야 했다.

한 달에 8일을 쉬고 22일 동안 그 숫자를 만들어 낸다는 건 어렵다고 판단했고 일1천만 원 월3억 판매를 목표로 뛰었다.

점심도 거의 중국음식만 배달해서 먹었다.

처음에는 짜장, 짬뽕을 시켜 먹다가 제때 먹지 못하면 면이 불어서 못 먹고 버리는 일이 자주 생기다 보니 불지 않고 먹을 수 있는 볶음밥으로 메뉴를 바꿔서 먹었다.

상담을 많이 하기 위해서 아침 조회 때는 항상 바깥쪽에 앉았다.

아침에 급히 물건을 사러 오는 고객을 제일 먼저 응대하기 위함이었고, 거의 매일 오픈 전에 잉크라도 팔고 영업을 시작하였다.

재고조사날은 제일 판매가 많은 날이다.

지금도 매장에서는 월1회 정기 재고조사를 한다.

입사해서 몇 달 지나다 보니 매월 재고조사 날에는 선배들이 장사는 안 하고 하루종일 재고조사에만 매달려 있는 것이다.

그래서 재고조사 3일 전부터 아침 일찍 출근해서 내 품목 재고조사는 미리 끝내고 재고조사 날에는 나 혼자 거의 독식 상담을 하였다.

그래서 당연히 판매가 가장 많았다.

나만의 고객관리 방법

고객을 내 매출을 올리는 단순 수단으로 생각하면 절대 안 된다.

소중한 인연이라고 생각하고 정말 감사히 생각해야 한다.

특히 대물 구매 고객들에게는 "감사의 손편지"를 썼다.

고객에게 의미도 부여했다.

"송영민에게 구매해 주신 TV 1호 고객님"

내 기억으로는 300호 이상까지 손편지를 썼고 시간이 지날 수록 이 고객님들은 삼성제품을 사려면 나에게 구매를 해 주 셨고 자연스럽게 소개건도 많아지게 되었다.

전사 판매왕의 밑거름이 되어 주신 소중한 고객님들이시다.

하루는 50대 여성 고객님이 매장에 오셔서 나를 찾았다.

얼굴이 기억나지 않아서 어리둥절했는데 그 고객님께서

"난 송영민 사원이 여자인 줄 알았는데 남자네요"라고 하는 것이다.

이유는 감사편지가 핑크색인데다 글씨도 여자글씨여서 여자인 줄 알았다는 것이다.

그래서 우리 남편에게 연애편지 쓰는 영업사원 얼굴 좀 보러 왔다고 농담을 하면서 웃은 적이 있다.

삼성스토어 대치점 매장사진과 송영민 지점장

사은품을 더 가치있게

입사 초기때는 사은품 지급이 전산화가 안 되어 있어서 사은품을 매장으로 입고해 주면 고객님께서 직접 방문하거나, 택배로 보내드리는 시스템이었다.

이렇다 보니 지급 약속시일을 못 지키거나 영업사원들의 실수로 누락되는 일이 허다했다. 나 역시 엄청 쎈 클레임이 생겼었다.

혼수고객이었는데 판매할 때 "좋은 사은품"이라고 막연히 이야기했고 구매상품이 고객 댁 배송 후 두 달이 지났는데도 사은품은 입고가 지연되어 미지급되는 상황이 발생되었으며 시간이 지날수록 고객의 기대와 불만은 커져 갔다.

드디어 사은품이 매장으로 입고되었고 내 나름 좋은 것들만 챙겨서 고객님께 내방을 요청했다. 고객은 저녁에 매장에 오셨고 사은품을 드렸는데 고객의 표정이 굳어지면서 "이게 다냐"라고 클레임을 걸었고 "이제 이거 내꺼니까 마음대로 해도 되는가"라는 말과 동시에 내 앞에서 사은품을 집어 던지는 것이었다.

사은품 중 행남자기 그릇세트도 있었는데 앞에서 박살나는 것을 보고 자존심도 상했고 퇴사도 처음으로 생각했던 일이었다.

이후 곰곰이 생각해 보니 고객 입장이 이해가 되었다.

그 이후로 사은품 지급방법을 바꿨다.

판매시점에 절대로 사은품을 드린다는 약속도 이야기도 하지 않았다.

이후에 사은품이 입고되면 고객님들께 깜짝선물로 택배를 보내 드리고 엽서에 간단히 안부인사와 감사의 말씀을 남겼다.

당연히 고맙다는 연락이 100% 오게 되었고 단골고객이 되었으며, 나를 소개해 주는 홍보대사 역할을 자처해서 해 주시는 고객님들이 늘어나게 되었다.

지점장, 조직장의 역할

첫째로, 부지런해야 한다.

지점장은 가장 먼저 출근해서 준비를 해야 한다.

조회시간에 맞춰서 출근하는 지점장은 자격이 없다고 생각한다.

미리 와서 회의를 준비해야 한다.

사원들에게 어떤 메시지를 줄지 생각하고 준비해야 한다.

많게는 35명의 판매사원들이 있었고 모여서 30분 이상 회의를 하는데 그 시간이 절대 무의미한 시간이 되어서는 안 된다.

30명 × 30분 = 900분,

30명×60분 = 1800분이다.

난 지금까지 제일 먼저 출근해서 준비를 한다.

지점장일 때는 08시, 스탭 그룹장일 때는 06시30분에 출근한다.

둘째로 지점장은 부서의 A~Z까지 알아야 한다.

하루는 지사장님이 매장에 오셔서 코너를 같이 돌다가 믹서기 코너에 멈추어서 "지점장, 이 코너는 월매출이 얼마지"라고 질문을 하였고 나는 "네, 정확한 원단위까지는 모르나 월매출 12백만 정도 됩니다"라고 답변드렸다.

지사장님은 내 답변을 믿지 않으셨다.

왜냐하면 믹서기 코너의 월매출을 알고 있는 지점장은 없었으니까.

지사장님은 지사 pm에게 전화를 하여 확인하였고 내 대답이 맞았음을 확인하였다.

셋째로, 지점장은 "집객"을 책임져야 한다.

지점장이 판매사원들에게 상담의 기회를 만들어 주지 못하면 "능력제로"이다. 데리고 있는 사원들에게 할말이 없는 것이다.

항상 상권을 연구하고 그 상권에 맞는 집객판촉을 고민해야 한다.

경기광주점에 근무할 때 매월 반복되는 판촉툴로 식상해져 갔다.

매월 현수막 걸고 문자 보내는 등 판촉효과가 떨어져 갔다.

당시만 해도 경기광주점은 외곽지역(시골느낌)이었고, 이 상권에 맞는 판촉을 고민하다가 "야시장"을 생각하게 되었다.

무작정 야시장을 운영하는 사람을 찾았다. 그리고 주말 토, 일요일에 매장 주차장에 야시장을 열었다.

그 전에 매장 주변 아파트 부녀회장을 찾아다녔고 4개 단지 아파트 주민을 위한 야시장을 열어 주었던 것이다.

야시장에는 먹거리, 놀거리, 주민 노래자랑을 열었고 1등 시상품으로 김치냉장고를 걸었다. 나도 얼떨결에 사회자에게 끌려 올라가서 노래 한 곡을 불렀다. 정말 내방객이 이틀간 인산인해를 이루었다.

하루 2천 명 이상 방문하였고 하루 판매가 2억 이상을 넘게 되었다.

평상시 주말판매가 5천이었으므로 상기 사례는 전사 우수 판촉사례로 소개가 되었다.

지점장은 항상 판촉을 고민해야 한다.

예를 들어 매장목표가 10억이라고 치자.

대부분의 지점장들은 10억을 통으로 놓고 판촉계획을 세우는데 이렇게 하면 무조건 실패한다.

판촉계획을 세울 때는, 아무런 판촉을 하지 않고 지점장이 없어도 나올 수 있는 기본 숫자를 먼저 산출한다.

그 숫자가 8억이라면 나머지 2억을 추가로 하기 위한 월판촉 계획과 "주차별 집객로드맵"을 계획하고 이를 사원별, 품목별로 세분화하여 하루하루 시간대별 진척관리를 해야만 달성이 가능해 진다.

이 계획은 사원별로 고객 응대건수, 성공율, 객단가를 계산해서 실행해 나가야 한다.

월판촉 계획은 적어도 두, 세달 전부터 준비해야 하고 늦어도 전월 초에는 세부적인 집객판촉 계획이 세팅되어 있어야 한다.

송 그룹장은 상기와 같은 영업 Mind로 판매사원 시절과 지점장 시절에 탁월한 영업성과를 창출하게 되었으며, 스탭의 조직장도 점포개발(출점)그룹장, 점포육성그룹장을 거쳐 현재는 서울지사 리테일그룹장 역할을 훌륭하게 수행하고 있다.

송 그룹장이 스탭역할을 할 때는 한 번도 현장에서 요청하는 사항에 대하여 No를 한 적이 없다고 한다. 어떻게든 현장의 요청사항을 들어주려고 최대한의 노력을 해보고 그래도 안 되면 이후에 상황설명을 하고 충분한 설득과 소통을 통하여 현장을 이해시키는 것이다.

본인이 판매현장 생활을 너무나 절실하게 해 보았기에 판매현장에 대한 스탭의 지원자적인 역할인식을 누구보다 잘 알고 있기 때문이다.

소매영업에 대한
나의 생각

지금부터 하는 얘기는 필자가 반평생 영업을 하면서 한 직장에서 정년까지 버틸 수 있었던 조직생활 mind에 대한 내용들이다. 후배들도 같은 맥락에서 조직생활에 임하는 mind를 형성하여 영업을 재미있게 하면서 정년까지 직장생활을 할 수 있기를 바라는 마음이다.

고객을
평생 동반자로 생각하자

영업사원에 있어서 고객은 나에게 월급을 주는 분이시다.

고객이 없다면 영업이 존재할 수 없다. 더없이 고마운 분이고 평생을 동반자로 생각해야 할 존재이다.

고객은 무엇을, 어디서, 어떻게 살 것인가에 대한 고민을 항상 가지고 있다. 특히 자동차나 가전제품 같은 고가상품을 구매할 때는 그 고민이 스트레스가 될 수도 있다.

그래서 믿을 만한 매장을 찾아 전국을 헤매는 경우가 많다
(특히 혼수, 이사고객).

우리는 고객을 평생 동반자로 생각했으면 좋겠다.

친구나 친척, 가족처럼 생각하는 게 편하다. 나이가 많으면 부모님이나 일가 친척으로 생각하고 나이가 적으면 사촌동생이나 친한 친구의 동생으로 생각해도 좋다.

훨씬 정겹게 느껴지고 마음 편하게 상담에 임하게 된다.

그리고 최선을 다하여 좋은 상품을 좋은 조건으로 구매할 수 있도록 자발적인 안내를 하게 될 것이다.

물건을 팔려고만 생각하면 고객은 본능적으로 알아차리고 가능한 설득당하지 않으려고 거리감을 가지고 상담에 임하게 된다. 상담은 점점 어려워지고 결국 고객은 떠나게 된다.

영업사원은 고객의 입장이 되어서 고객과 같은 방향을 바라보며 고객의 고민거리를 짧은 시간에 명쾌하게 해소해 줄 수 있어야 한다.

제품지식과 판매정책(혜택) 그리고 경쟁상품 비교설명까지 완벽하게 설명이 되어야 고객은 신뢰를 느끼고 지갑을 열게 된다.

그리고 배달설치까지 만족할 만하게 이루어지면 그 고객은 앞으로 나의 평생 고객이 될 수 있다.

굳이 매장에 안 오시고 전화 한 통으로 재구매가 진행된다.

고객께서 구매한 제품은 사후관리를 통해서 지속적으로 잘 사용할 수 있도록 care를 해 드리자. 앞에서 설명한 "완전판매" 개념으로 고객과 평생 동반자가 되어 가면 고객의 자식과 손자들까지도 인연이 될 수 있다(가족단위 평생 충성고객).

앞에서 설명한 바 있는 일본 데오데오 최우수사원의 사례처럼 3대에 걸친 가정사의 모든 LSLI(생애주기 연계판매)를 모두 내가 책임지고 판매하고 care 하겠다는 자세로 고객을 대하고 영업에 임했으면 좋겠다.

필자도 반평생 영업을 하면서 정말로 많은 각계각층의 다양한 고객과 만남을 가졌고 다양한 분야의 전문가들과도 대등한 입장에서 내가 판매하는 상품을 매개체로 상담을 하고 인연을 만들어 갔다.

영업은 수많은 사람들과 자연스러운 만남을 통해 서로 교감을 하면서 배움을 주고 받을 수 있다는 데에 또 다른 매력이 있다.

따라서 영업을 한다는 것은 얼마나 좋은 기회이고 특권인가?

영업을 통해 만나는 모든 고객을 평생 삶을 같이하는 동반자라고 생각하면 내가 하는 일이 훨씬 여유롭고 행복한 일이 될것이다.

행복한 매장,
불행한 매장

사실 소매영업 실적은 매장의 위치location에 70~80%가 좌우된다. 나머지 20~30%를 영업 구성원들이 만들어 내는 것이다.

상권배경이 탄탄하고 고객유입이 좋은 여건의 매장에 근무하는 사원들은 20~30%의 역할이 수월하게 진행되고 반대로 어려운 위치에 있는 매장은 몇 배의 노력과 고생을 해야 원하는 실적을 만들어 낼 수 있다.

우리 영업하는 사람들은 매장 location의 여건은 일단 받아들여야 한다. 매장여건은 일단 인정하고 상권과 고객을 철저하게 장악해 나가는 자세가 필요하다.

매장여건만 탓하고 있으면 100% 시간낭비를 하는 것이다.

따라서 지점장과 사원들은 서로 code를 맞추고 철저하게 업무중심으로 팀워크를 형성해야 한다.

집객을 잘하는 지점장, 고객과 상담을 열심히 하고 성공률, 객단가를 up시키는 사원들, 그리고 매장 operating이 직원들 간 가족적인 분위기에서 효율적으로 진행되어 주어진 목표를 매달 달성하는 매장.

그래서 월급, 성과급, 시상금을 많이 받고 나와 내 가족이 부족함 없이 행복한 생활을 영위할 수 있다면 그보다 행복한 매장이 없을 것이다.

매장의 구성원들이 서로간에 어떤 mind로 어떻게 실천하느냐에 달려있다. 무엇을 어떻게 해야 하는지는 2부 "how to 실천사항"에서 집중적으로 설명하였다.

필자의 경험에 의하면 불행한 매장은 여러 유형이 있다.

사원육성과 집객을 말로만 하고 있는 지점장, 본인이 나서서 장사만 하는 지점장, 스스로 노력하지 않고 누가 집객해 주기만 바라고 있는 사원들, 정해진 routin도 없고 알아도 실천하지 않는 매장.

무슨 일이 생기면 "내 탓이오"라고 얘기하는 사람 없고 서로 네 탓만 하면서 외부로 내부문제를 떠들어 대고 있는 매장.

이것들이 모이면 최악의 매장이 된다. 영업실적은 기대할 수가 없는 매장이다.

상권 탓만 하고 개척하려는 의지가 없는 구성원들은 미래가 없다. 힘들고 어려우면 조직의 인프라와 sv를 비롯한 관리자들에게 적극적으로 지원을 요청하고 sos를 쳐야 한다.

　살기 위해 몸부림치면 반드시 메아리가 돌아오게 되어 있다. 힘들면 살기 위하여 몸부림치고 활로를 찾고 출구를 뚫어야 한다.

　내가 근무하고 있는 매장을 행복한 매장으로 만들 것인지 불행한 매장으로 만들 것인지는 매장 구성원들이 어떻게 하느냐에 달려있다. 분명한 것은 나의 문제는 내가 직접 나서서 풀어야 한다는 것이다.

　가만히 있으면 절대 누가 풀어 주지 않는다.

영업조직은
Legend가 탄생해야 한다

2부에서 소개한 3건의 실전 판매사례는 필자가 인정하는 삼판의 대표적인 legend 사례이다.

사원들과 똘똘 뭉쳐 어려운 점환경을 극복하고 솔선수범 자세로 지속적으로 상권을 개척하여 기록적인 점매출을 만들어 나간 사례와 고객에 대한 진정성 있는 cs에 충실하여 단골, 충성고객을 만들고 기록적인 판매를 달성한 사례, 그리고 확고한 신념, 자기희생, 솔선수범으로 가는 곳마다 기네스 판매를 만들어 내고야 만 전사판매왕의 집념어린 역할수행 사례는 조직전체가 학습하고 따라 해야 할 훌륭한 사례이다.

발전적인 dna를 가진 지점장과 사원들은 우수사례에서 돌파구와 인사이트를 찾고 즉각 본인들의 개선사항을 실천해 나가지만, 부정적이고 비관적인 지점장과 사원들은 우수사례를 질투하고 폄하한다.

우수사례를 적극적으로 찾아 다니면서 따라 했던 모 지점장은 그 자체로 우수사례가 된 적도 있다.

영업조직은 팔팔하게 살아서 움직여야 한다.

star사원이 탄생해야 하고 그 star사원의 skill과 노하우가 주변 사원들에게 긍정적으로 확대전파 되어야 한다.

star사원은 지역조직의 중심이 되어 공부방 활동의 리더가 되어야 하고 영업조직은 star 사원의 커리어를 관리해 주고 육성시켜 나가야 한다. 제대로 된 보상과 승진을 보장해 주어야 한다. star 사원의 탄생과 육성과정은 그 자체가 전체 사원들의 vision이 되기 때문이다.

지점장은 사원을 제대로 육성하고 그중에 star사원은 조직의 영웅으로 만들 줄 알아야 한다.

숨은 보석을 발굴하고 스타성을 인정하고 모든 사원들의 선생이 되도록 환경을 조성해 줄 수 있어야 한다.

프로야구 MLB 명예의 전당처럼 우리 영업조직도 영업의 legend를 만들고 영업의 명예의 전당을 만들어서 legend 전통을 이어가는 사례들과 후배들을 지속 배출해야 한다.

살아서 움직이는 영업조직은 스타성이 있는 legend가 지속 배출이 되고 전사적으로 긍정적인 역할을 할 수 있는 환경을 조성해 준다.

한 명의 위대한 장수가 나라를 구하는 것처럼 한 명의 훌륭한 영업조직 legend 는 수십억의 마케팅 비용을 초월하는 판매효과를 만들어 낼 수 있다.

살아있는 영업조직은 수많은 star 사원과 판매왕 그리고 조직의 legend를 만들고자 노력을 한다.

사원들의 사기가 죽어있는 조직은 절대 승리할 수 없기 때문이다.

장사하는 조직은
학습조직이 되야 한다

고객이 만족하는 기대수준은 갈수록 높아지고 있다.

고객을 만족시키기 위해서 영업조직은 지속적으로 학습하고 발전하고 진화해야 한다.

많은 인원들이 교육장소에 집합하여 학습, 교육할 수 있는 여건은 갈수록 어려워지고 있다.

따라서 자율적인 학습조직이 되어야 하고 최대한 매장단위의 자율적 학습조직이 필수적인 시대이다.

지점(매장)이 학습하기에 최적의 조건이고 점내에서 구성원 상호간에 학습이 이루어 져야 최고의 성과를 거둘 수 있다.

앞에서 설명한 상품담당제 활동을 통하여 제품 pvi, usp, 우수판매사례, 신상품지식, 판매정책, 경쟁상품 비교설명 등 상품당담자별로 각자 담당상품의 선생역할을 해야 한다.

지점장은 사원육성을 하기 위하여 상품담당제를 철저하게

추진하고 전 사원이 각자의 역할을 충실히 수행할 수 있도록 개인별 코칭을 진행해야 한다.

철저한 상품담당제 운영, 그 자체가 점단위 조직의 기본적인 학습활동인 것이다.

그리고 점내 학습의 한계를 풀어줄 수 있는 방법이 가까운 지역내 사원들이 모여서 하는 지역 공부방 활동이다.

sv와 사내강사가 주체가 되어 진행하는 "지역 공부방 활동"은 지역내 star 판매사원의 노하우를 지역점 전체 사원들에게 전파하고 확산시키는 수단이 되어야 한다.

지점장 책임하의 점단위 학습과 sv가 주관하는 지역 공부방 활동은 필자 경험상 학습 조직화의 필수적인 내용이라고 생각한다.

지점내에서 제일 잘하는 사원 수준으로 점 전체사원을 상향평준화 시키고 지역내 우수사원의 우수인자를 지역 전점으로 확산시키는 것은 회사차원의 집합교육의 비용적, 시간적 loss를 줄이고 판매 생산성을 극대화시키는 최선의 방법이다.

특히 sv는 지점장 간의 개인적 격차도 지역내 공부방 활동을 통하여 상향평준화 시킬 수 있어야 한다.

우수 지점장과 부진 지점장의 1:1 매칭, 점 간 우수사례

전파, 지역 공부방활동(사원)의 부진 지점장 주관 유도, 지점장 주간미팅(예: 수요미팅)을 통한 지점장교육 등 지점장들의 operating 수준도 전체적인 level up을 꾸준히 추진해야 한다.

필자는 강남특구 sv시절 일정기간을 정하여 매주 토요일 6~7명의 지역점 지점장들이 모여서 지점을 순차적으로 교차 방문하는 "토요 patrol"을 진행시켰다.

방문점에 대한 lay out 진열, 연출, 실연 상태와 사원들 접객, 상담태도 등에 대하여 지점장들의 소감과 의견을 서로 공유시키면서 각점의 개선사항을 도출하고 미비점을 보완시켜 나갔다.

2~3개월 동안 지점장 patrol 활동을 한 결과 지역 점들의 매장운영 상태와 operating 수준이 상당 폭 개선되었음을 확인할 수 있었다.

상권확대와 고객확대는 각자의 몫이지만 사원들의 판매력 향상과 지점간의 operating 수준격차 상향 평준화는 지점장과 sv가 주관이 되어 끊임없이 공부하고 개선시켜 나가야 한다.

아무리 어려운 환경이고 시기일지라도, 똑같은 상권과 환경에서도 누구는 잘하고 누구는 못하는 현상이 반드시 나타난다.

잘하는 사람은 왜 잘하는 것인가?

그 fact와 요인을 찾아서 서로 배워 나가는 것이 핵심이다.

잘하는 사원과 지점장의 모습을 보고, 상호 간에 배우고, 즉시 실천하는 것이 영업조직에서는 가장 효율적인 학습 조직화의 방법이다.

⑤
판매정책은
사원으로부터 수렴해야 한다

고객접점, 판매접점은 누구보다 판매사선에 있는 사원들이다. 판매사원들이 정책의 효과를 제일 잘 느끼고 정책의 필요성을 제일 잘 알고 있다.

긴급하게 필요한 정책, 효과가 불투명하여 개선이 필요한 정책, 고객이 필요로 하는 정책들을 사원들은 항상 느끼면서 요구를 하고 있다.

영업의 답은 고객에게 있고 고객을 제일 잘 아는 사람이 판매사원이기 때문이다.

회사 차원에서 필수적으로 추진해야 하는 정책도 반드시 사원들의 의견을 들어보고 방법을 정하는 것이 필요하다.

아무리 좋은 정책이고 막대한 비용을 투입하여 추진하는 정책이라 해도 사원들의 체감도가 떨어지고 공감을 끌어내지 못하면 정책의 효과는 실패할 확률이 높다.

고객에게 불필요한 회사의 일방적인 정책은 사원들이 아예 고객에게 언급을 하지 않는다. 회사가 아무리 밀어 붙이는 정책일지라도 사원들이 공감하고 숙지하지 않으면 결과가 나올 수가 없다.

시황이 어렵고 장사가 안될수록 회사 차원에서는 다각적인 판매정책을 구사하고 돌파구를 찾으려 한다.

이럴 때일수록 장사경험이 많고 실적이 우수한 사원들의 의견을 경청해야 한다.

따라서 정책수립은 판매현장 경험이 풍부한 사람이 해야 함은 당연하고 항상 현장의 리얼한 의견을 들을 수 있는 사원들과의 네트워크가 형성되어 있어야 한다.

그것도 주요 품목별, 지역별, 유통별, 계층별, 우수사원들로 네트워크가 구체화 되어 있어야 한다.

영업은 실시간을 다투는 유통 간의 치열한 싸움이다. 시기와 때를 놓치면 막대한 기회손실이 생기고 순간적인 정책 판단미스가 엄청난 손실을 가져올 수도 있다.

불필요하고 유명무실한 정책이 있다면 쓰지 않아도 될 막대한 비용을 허공에 날려 버리는 경우가 될 수 있다.

꼭 필요한 정책을 꼭 필요한 시점에 효율적으로 시행하여 최대의 성과를 창출하기 위해서는 반드시 판매현장 사원들의 의견을 수렴하고 반영해야 한다.

우수한 정책 수립자는 자신만의 현장 네트워크를 보유하고 있다.

그것도 계층별로 사원, 지점장, sv들의 의견을 실시간으로 수렴하고 빠른 정책추진을 구사한다.

판매현장은 그런 pm들을 선호하고 해당 품목에 판매력을 집중하여 어떻게든 실적을 만들어 낸다.

마케팅부서 품목정책 담당자(PM)는 특히 현장 사원들과의 소통을 중시해야 하고 정책 결정권을 가진 부서장은 pm 담당자들의 의견을 존중해야 한다.

필자는 소매영업 현장경험을 통하여 일방적인 정책들의 실패상을 많이 보았다.

순간적으로 급조되는 판매정책, 시행 후 사후관리가 감당 안되는 단기효과 목적의 판매정책, 일관성 없고 변동성이 많은 정책, 현장의 needs와 동떨어진 정책 등 많은 비용이 낭비되는 무수한 실패사례를 보았다.

특히 매장의 진열, 연출에 있어서도 고객과 사원들의 의견은 아예 듣지도 않고 임원들과 관리자들의 느낌과 생각으로 현장

인력들의 많은 시간과 정열을 소비시켰던 시기가 있었다.

밤을 새서 진열을 고치고 변경하면 다음날 사원들은 지쳐서 장사에 집중하지 못하였다.

그리고 또 매장을 방문하는 또 다른 임원은 자신의 생각대로 진열, 연출 변경을 요구한다.

사원들은 지칠 때까지 지시에 따라 진열, 연출 개선작업을 하지만 정작 고객은 전혀 그런 것들에 무관심하고 사원들과의 구매 상담은 그런 것들에 상관없이 진행된다.

매장 cip, 진열, 연출, 실연뿐 아니라 cs, 배달설치, 사후 svc 및 고객 care 서비스, 경쟁사 대응정책 등 모든 분야에 있어서도 마찬가지이다.

사원들의 의견이 곧 고객의 의견임을 명심해야 한다.

시상금정책은 반드시 필요하다

영업현장은 사기를 먹고 산다.

판매현장의 사기를 올리는 최고의 정책은 시상금(사원시상, 지점시상, 품목시상, 조직시상 등) 정책이다.

물론 시상금 정책이 만병통치약은 아니다.

시상금에 대한 부정적인 시각도 있다.

시상금은 몰핀주사와도 비교된다(중독성 있는 정책).

그러나 현장의 현실적인 의견은 시상금 정책을 매우 선호한다.

판매정책은 고객에게 혜택이 가지만 시상금 정책은 판매사원과 지점에게 혜택이 돌아간다.

시상금은 판매현장의 소금과도 같은 정책이다.

현장을 움직이는 동력이 될 수도 있고 단기적인 효과가 제일 큰 motivation 수단으로도 볼 수 있다.

판매정책과 유효적절하게 시상금정책을 병행하면 큰 효과를 볼 수 있다. 시상금 정책의 단점만을 부각시켜 아예 없애버리면 현장은 관심이 시들해지고 동력을 잃는다.

사원들, 지점장들이 선호하는 시상금 정책을 적절하게 사용하면 현장의 사기도 올리고 집중적으로 전략모델, 고부가 프리미엄품목의 판매효과도 극대화 시킬 수 있음을 강조하고 싶다.

단기판매 효과를 창출하면서 마차를 끌고 가는 당근효과를 볼 수 있어야 한다. 세심하게 관찰하여 무의미한 기본정책을 줄이고 그 재원을 시상금 정책으로 잘 활용한다면 기대 이상의 판매효과를 만들어 낼 수 있다.

판매조직에서 시상금 정책은 반드시 필요하다고 본다.

⑦ 영업의 중심은 지점장이다

앞에서도 누누이 얘기하고 강조하였지만, 어느 업종이든 영업을 하는 조직의 중심이자 꽃은 지점장이다.

영업의 최일선에서 고객을 접객하고 목표를 달성하는 최선봉의 책임자가 지점장이다.

영업조직은 지점장에게 책임과 권한을 위임하고 목표달성을 위한 모든 지원을 집중해야 한다.

지점장이 중심이 되고 존경받고 역할을 제대로 수행할 수 있도록 모든 시스템이 구축이 되어야 제대로 된 영업조직이고 발전가능성이 있다.

타이틀만 지점장으로 부여하고 책임과 권한도 없이 그리고 제대로 된 지원도 없이 목표만 달성하라고 떠미는 조직은 제대로 된 영업 조직이 아니다.

지점장의 모습이 영업조직의 미래이자 사원들의 비전이 되어야 한다. 영업조직에서 지점장의 위상과 역할은 아무리 강조해도 부족하다.

그만큼 지점장이 어떻게 하느냐에 영업조직의 현실과 미래가 좌우되기 때문이다.

지점장의 의견이 무시당하고 역할이 불분명하고 조직의 중심이 되지 못한다면 분명 그 영업조직의 미래는 없다고 본다.

지점장은 정말 할 일이 많다.

집안의 가장처럼 슈퍼맨이 되어야 한다.

일상업무를 통하여 사원을 육성해야 하고 목표달성에 필요한 고객을 집객해야 하고 효율적인 점포 operating을 통하여 어떻게든 목표를 달성해 내야 한다.(2부에서 집중 설명하였음)

한 집안의 가장이 식구를 제대로 부양해야 하는데 손을 놔버리면 그 가정이 풍비박산 나듯이 지점장이 마음을 비워버리면 그 지점의 목표달성은 일찌감치 물 건너 간다.

정말 지점장은 정신 똑바로 차리고 사원들의 가족까지 책임진다는 사명감과 회사의 미래를 내 손으로 결정한다는 주인의식으로 투철하게 무장하고 행동해야 한다.

본인에게 주어진 인적자원, 물적자원을 효율적으로 운영하여 반드시 목표를 달성해내야 한다.

그래야 지점장으로서의 최소한의 역할을 하는 것이고 떳떳

하게 지점장의 위상과 보상을 요구할 수 있다.

본인의 역량과 사원들의 열정을 최상위 수준으로 유지해야
하고 주어진 상권을 장악하여 목표를 달성하는 역량을 발휘해
야 한다.

지나간 기준이지만 필자가 지점장 했던 시절의 매장
operating 필수 check사항 가짓수가 73가지였다. 그만큼 할
일이 많다는 얘기이다.

게다가 현재는 더 detail해지고 업무의 질도 심화되었을 것
이다.

지점장 스스로 솔선하지 못하고 사원들에게 입으로만, 말로
만 실천하기를 바라서는 안 된다.

지점장이 먼저 솔선하여 상권을 개척해야 하고 사원들의 자
발적인 역할참여를 유도하여 지점의 퍼포먼스를 만들어내야
한다

행동하고 실천하는 점장의 모습을 보여야 사원들에게 존경
받고 공감을 받을수 있다.

장사가 안된다고 사원을 제끼고 본인이 직접 나서서 판매를
해버리는 지점장은 하수 지점장이다.

사원들이 존경하는 지점장은 집객을 잘해주는 점장, 결정력

(상담성공율) 올리는 데 도움을 주는 점장, 클레임(voc)을 앞장서서 해결해주는 점장이다.

내 대신 장사해주는 점장을 좋은 점장으로 보지는 않는다.

지점장은 사원들을 가족화 시키고 매장 분위기를 가족적인 분위기로 끌고 가야 한다.

사원들의 모든 것을 알고 있어야 하고 어른 같은 존재감으로 인간적인 팀워크를 구성해야 한다.

아버지가 집에서 밥상머리 교육을 하듯이 지점장은 일과 후에도 사원들에게 술상머리교육을 할 수 있어야 한다.

진정성을 가지고 인간적으로 사원들을 위해주고 업무적으로 강한 사원으로 키우라는 이야기다.

훌륭한 지점장과 함께 근무한 사원이 또 훌륭한 지점장이 된다. 용장 밑에 약졸 없듯이 제대로 된 지점장 밑에서 제대로 된 사원이 육성되는 법이다.

나와 함께 장사했던 사원이 지금 어디서 어떤 모습을 하고 있는지를 보면 과거 본인의 지점장으로서의 역할을 판단해 볼 수 있다.

내가 곧 회사이고 지점장의 모습이 회사의 모습이다. 고객을 상대하는 영업조직은 특히 그렇다.

지점장은 본인부터 막중한 책임감으로 제대로 된 지점장이 되야 하고 회사는 지점장의 모습을 빛나게 만들어야 한다.

그것이 모든 사원들의 비전이고 영업조직의 발전 가능성이기 때문이다.

전국적인 영업조직은 반드시 sv가 필요하다.

sv가 수행해야 할 역할이 분명히 있기 때문이다.

sv의 대표적인 역할은 스탭과 현장의 파이프 역할이다.

특히 판매정책의 실효성과 현실성에 대한 현장검증이 매우 중요하다. 본사스탭, 마케팅부서는 판매정책 입안하고 현장에 전달하기 바쁘다.

각 품목별로 쏟아지는 정책(월정책, 주말정책, 긴급정책 등)들을 판매현장은 어떻게 소화하고, 활용하고 있는지 누군가는 세심하게 관찰해야 한다.

회사는 특히 장사가 안될 때, 달성률이 저조하고 성장률이 부진할 때 수시로 긴급정책을 만들어서 현장에 쏟아내기 바쁘다.

판매현장(지점장, 판매사원)은 수시로 쏟아지는 수많은 정책들을 실시간으로 숙지하고 고객에게 설명을 해야 한다.

필자가 sv시절에 깜짝 놀란 적이 많았다.

회사의 각 품목 담당자는 본인 품목의 확판을 위하여 정말 심사숙고하고 모든 자원을 끌어 모아서 판매정책을 만들어 현장에 전달하는데 정작 판매사원은 고객에게 설명조차 안 하는 경우가 있었다.

대표와 본사는 펄펄 끓는 120℃ 온도로 뜨거운 정책을 만들었는데 판매현장에서 느끼는 온도는 20~30℃로 차갑게 식어 있고 아예 정책을 고객에게 언급조차 안 하고 있는 경우가 있었다. sv는 정책의 현장 온도차를 정확하게 감지하고 이를 본사에 실시간 피드백 해야 한다.

지점장과 사원들은 당장 고객을 접객하고 판매하기에 정신이 없다(사실 판매정책도 취사선택하여 활용한다).

그래서 누군가는 반드시 정책실효성과 현실성을 현장에서 판단하고 피드백 해야 하며 바로 sv가 그 gap을 최소화시키는 데 주력해야 한다.

영업조직의 계층을 언급하자면 대표, 지사장(팀장), 그룹장(본. 지사), sv, 지점장, 부점장, 사원으로 구분할 수 있는데 sv는 그야말로 대표 입장부터 사원 입장까지 모든 계층을 대변

해야 하는 존재이다(양면성을 가지고 활동해야 하는 존재이다).

　때로는 대표 입장에서 그리고 지사장 입장에서 지점장과 현장을 관리해야 하고 사원과 지점장의 입장에서는 현장의견을 본사에 대변하고 실시간 전달해야 한다.
　진정한 중간 파이프 역할을 해야 하는 것이다.
　1부에서 언급하였지만 필자는 우리 회사에 sv제도 최초 도입을 기획하였고 직접 sv 역할을 지역별로 수차례 수행하였다.

　우스갯소리지만 나는 sv를 여러 의미로 현장에 설명하였다.
　때로는 슈퍼바이저(관리감독자), Servant(하인), 시다바리(조력자)의 역할을 한다고 했다. 그만큼 sv의 역할의 스펙트럼은 무한대라고 생각한다.
　본사 여러 계층을 대변하여 현장에 영업의 방향성을 제시하고 현장 모든 계층의 애로사항을 이해하고 풀어 줘야 하는 키를 가지고 있다.
　현장 영업경험이 풍부하고 관록이 있고 후배사원들로부터 존경받는 인물이 sv를 하면 그 조직의 영업활동과 소통은 정말 원활해지고 결과창출도 위대하다.

　그리고 sv의 두 번째 큰 역할은 지점장 육성과 스타사원의 발굴양성이다. 담당하고 있는 지역의 지점 간의 역량을 상향

평준화시키고 향후 조직을 끌고 갈 열정과 사명감으로 제자리에서 묵묵하게 성과를 내고 있는 미래 재목감 사원을 발굴하고 육성하고 키우는 역할을 해야 한다.

지역 공부방 활동 시 사내강사를 육성하고 추후 조직에서의 역할 범주를 넓혀 주어어 한다.

영업에서만 느낄 수 있는 성취감과 야망을 키워줘야 하고 조직에서의 역할론을 가르쳐야 한다.

세번째로는, 현실적으로 어려워하는 부진점이 있다면 지점 전사원 참석하에 부진탈출 워크숍을 주관하고 같이 고민함으로써 출구전략을 모색하고 시황돌파 자원을 지원해 주어야 한다.

또한, 지역 내 지점장, 사원들의 원활한 소통을 주도하고 우수사례 공유 네트워크를 구축함으로써 sv 지역점의 전체적인 실행력을 강화시키고 성과를 up시켜야 한다.

본사 판매자원의 지역 내 효율적 배분을 주도하고 필요 시 지점장, 사원들의 인사, 조직 제청권도 가지고 있어야 한다.

sv가 조심해야 할 점은 sv제도 자체가 하나의 계층이 되어 판매현장 위에 군림하는 옥상옥이 되어서는 안 된다는 것이다.

그래서 영업조직에서 sv의 진정한 역할은 슈퍼바이저보다는 servant이고 시다바리라고 생각하는 것이다.

sv는 조직적으로 상하관계가 있는 하나의 계층으로 자리잡기보다는 대표의 분신이 되어 판매현장의 모든 숙제를 풀어주고 막힌 혈을 뚫어 주는 디테일 충만한 해결사가 되어야 한다.

스탭
역할론

영업조직에서 판매현장은 전쟁터이다.

본지사 스탭은 사선에서 생사를 걸고 총, 칼싸움을 하고 있는 판매사원들을 지원하고 필요물자를 적기에 보급해 주는 역할을 해야 한다. 고객 귀한 줄 알고 사원 무서운 줄 아는 사람이 스탭을 해야 한다.

스탭은 현장 위에 군림하는 조직이 아니다. 지시하고 관리 감독하는 조직도 아니다. 현장경험이 없고 현장을 잘 모르는 스탭이 현장을 아는 체해서도 안 된다.

잘못된 정책 하나가 회사에 엄청난 손실을 가져올 수 있음을 항상 명심하고 일을 해야 한다.

영업조직에서 스탭은 판매현장이 영업하기 좋은 여건을 만들어주고 필요한 자원을 제때 공급하여 판매 loss가 없도록 해야 한다.

특히 판촉은 집객자원을 일정부분 지점장에게 권한부여하여 지점장과 사원들이 지속적으로 자발적인 집객활동을 주도적으로 할 수 있도록 지원해 주어야 한다(전사 차원의 집객, 홍보 판촉은 별개로 진행).

그리고 인사는 동일상권에서 경쟁유통에 밀리지 않고 내방객 대상 판매loss(접객율loss)가 생기지 않도록 경쟁력을 고려한 인력배치를 해 주어야 한다(판매현장에서 제일 속이 뒤집어질 때는 손님은 몰려드는데 사원이 부족할 때이다).

그래야 대등한 인력을 가지고 필사적인 집객으로 목표를 초과 달성하고 상권에서 경쟁사를 이길 수 있다.

사람과 판촉자원이 부족하고 열세하면 영업이라는 전쟁터에서는 이길 수 없다. 이길 수 없는 조건으로 전쟁터에 병사를 몰아넣고 알아서 싸워서 이기고 생존하라고 하는 무책임한 스탭은 정말 역사책에 써서 오래도록 욕을 먹게 만들어야 한다.

필자는 cs혁신그룹장 시절 고객만족도만 조사한 게 아니고 현장 사원들에게 스탭 만족도를 조사한 적이 있다.

그릇된 생각으로 스탭생활을 하고 있는 사원은 영업조직에서 스탭이 왜 필요한가에 대한 원천적인 생각을 똑바로 하게 만들어야 한다는 취지에서였다.

영업조직은 판매현장이 매력적이어야 하고, 영업의 성취감을 제대로 느낄 수 있어야 하고, 제대로 된 성과보상을 통하여 확고한 비전이 만들어져야 한다.

특히 판매정책 입안 스탭은 현장의 판매결과를 공동책임진다는 자세로 사명감을 가지고 정책을 만들고 현장에 온도차 없이 스며들게 해야 한다.

본, 지사 스탭은 현장의 모든 계층과 실시간 소통채널을 가지고 현장에 민감하게 반응해야 한다. 충분한 정책을 만들어 줬는데도 판매를 못한다고 부진결과를 현장책임으로 돌리는 스탭은 조직의 진정한 오버헤드이다.

고객 한 분 한 분이 우리에게 월급을 주고 영업사원 한 명한 명이 스탭에게 월급을 챙겨 준다는 사실을 똑바로 인지해야 한다.

영업조직이 갈수록 현장지향이 되야 하는데 스탭지향이 되면 그 영업조직의 미래는 그렇게 긍정적이지 못할 것이다.

⑩
상권을 장악해야 목표에 대한
자신감이 생긴다

지점장과 사원들은 우리 점의 월평균 판매 capa가 얼마인지 정확히 알고 있어야 한다.

판매공식에 준하여 내방객 수, 접객률, 성공률, 객단가 4개 항목 중 어느 항목이 약한 부분인지도 정확히 분석하고 알고 있어야 한다.

지점장은 지점의 연간목표, 월목표를 초과달성하기 위해 필요한 내방객 수를 파악해야 하고 사원들은 본인 개인목표를 달성할 수 있는 필요충분 접객건수를 염두에 두고 장사해야 한다.

그러기 위해서 지점장과 사원들은 자점의 목표를 달성하기 위한 전제조건으로 반드시 자점 상권을 정확히 분석하고 장악해 나가는 작업이 필요하다.

상권에 대한 분석과 장악력이 없이는 항상 목표달성에 불안하고 출구전략이 완전하지 못하다.

내가 속한 상권의 총 capa부터 파악하고 경쟁유통과의 점유율도 계산해 봐야 한다.

다행히 우리회사에는 훌륭한 "스마트 crm 시스템"이 있어서 자점 상권의 동별 고객점유율, 세대점유율 및 객단가, 신규고객, 기존고객 증감현황, 주요 아파트 점유율, 품목별 점유율까지 디테일하게 분석할 수 있다(사실 있는 시스템도 잘 활용하지 않는 지점장도 있기는 하다).

명심해야 할 것은 상권을 장악해야 목표달성에 대한 자신감이 생긴다는 것이다.

스마트 crm시스템을 수시로 들어가서 보고, 분석하고, 정리하면서 고객확대 방안, 상권공략 방향을 고민해야 한다.

그리고 무엇보다 먼저 월목표 달성에 필요한 고정고객(멤버십회원 고객)을 반드시 확보하고 있어야 한다.

사원들과 기능분장을 통한 상권분석과 상권장악력이 있어야 고객확대 방향과 품목별 확판전략이 출구가 보이기 시작한다.

그리고 상권에 대한 욕심이 생기고 목표달성에 대한 자신감이 생긴다. sv와 본사에 요구사항이 늘어나고 목표에 대한 집착력도 훨씬 강해진다.

- 객단가는 높은데 고객이 우리점에 자주 오지 않는 동네를 어떻게 공략할 것인지,
- 아파트별로 어떤 제품이 많이 팔리고 적게 팔리는지, 그리고 그 요인은 뭔지,
- 최근들어 기존고객이 빠지고 신규고객도 늘지 않는 상권은 어느 쪽인지,
- 경쟁유통에게 고객을 뺏기고 있는 지역은 어디이고 그 요인은 어느 품목에 있는지 등

상권을 장악하면 끌려가는 목표가 아닌 내가 리드하는 목표관리를 할 수 있다.

상권을 모르면 1년 내내 목표에 불안해하고 초라한 실적에 여기저기 불려 다니면서 구차한 변명하기에 바쁘다.

지점장과 사원들은 본인들의 상권을 정확히 파악하고 고객의 흐름을 알고 있어야 장사에 자신감을 가지고 재밌게 영업을 할 수 있다.

판매 부진점은 자점의 안 되는 요인은 너무나 많이 알고 있으나 대책과 출구전략을 물어보면 대답에 자신감이 없다.

무능한 지점장은 사원탓, 고객탓, 경쟁유통탓, 경기탓, 매장 location탓 하기에 바쁘다.

상권을 디테일하게 분석해보고 고객의 흐름을 분석해 보면

답이 나오고 가능성이 보이기 시작하는데 그 작업을 안 하고 있는 것이다.

그래서 sv는 판매 부진점들에 대해서는 부진극복 워크숍을 통하여 상권분석부터 해봐야 한다. 그리고 무엇을 지원해 주면 시황돌파가 가능한지 협의하고 본사에 요청하여 화력지원을 해주어야 한다.

능력있고 유능한 지점장은 자점 상권현황과 고객의 흐름을 정확히 꿰뚫고 있다. 항상 목표달성에 자신감이 있고 본, 지사에 효과적인 지원책을 요구하면서 자점의 목표를 협의하여 조정까지 할 수 있다.

특A급 지점장은 자점상권의 동종업계 유통과의 경쟁력 격차는 확고하게 벌려놓은 상태에서 이업종의 capa까지 파악하고 그쪽의 생태계를 공략하는 전술까지 구사한다.

우리가 추구하는 초격차영업은 자점상권(고객)에 대한 디테일한 장악에서부터 시작될 수 있음을 명심해야 한다.

영업조직의
정통성

　나는 평생을 영업을 하면서 자부심이 있었다.

　영업을 통하여 희열과 성취감을 느꼈고 고객과의 진정한 교
감을 통하여 서로 win win 하는 것이 영업의 본질이라는 것
도 깨달았다.

　구매자와 판매자 어느 한쪽만이 이득을 취하는 것은 온전한
영업이 아니라고 생각한다.

　거래를 통하여 서로가 만족하고 인간적인 배려심이 생기고
앞으로도 계속 같이하고 싶은 생각이 들게 하는 것이 영업이
라고 생각한다.

　영업은 정말 매력있는 직업이다.

　그리고 우리가 이렇게 당당하게 영업을 할 수 있게 환경과
명분을 만들어 주는 "회사"는 얼마나 고마운 존재인가를 생각
해야 한다.

회사의 명함을 들고 못 만날 사람이 없고 상품을 통하여 주도적으로 고객과의 관계를 형성해 갈 수 있다는 여건이 얼마나 고마운 선처인가.

장사를 잘하는 사원들을 모아놓고 이런 얘기를 한 적이 있다.

서울역 광장에 최고급 냉장고를 세워놓고 거의 공짜가격으로 판매를 하라고 하면 당신은 냉장고를 팔 수 있을 거 같은가?

번듯한 매장에서 유니폼을 입고 회사의 타이틀을 배경으로 장사를 하기 때문에 목소리에 힘이 실리고 신뢰감을 바탕으로 고객들이 물건을 사주는 것 아닌가?

우리는 개인의 능력으로 장사하는 것이 아니고 우리가 속한 조직을 배경으로 장사하는 것이다.

아무리 장사를 잘하는 사원일지라도 반드시 조직에 대한 소속감을 가지고 영업을 해야 한다는 것을 정확히 인식시켜 주기 위함이다.

사원시절부터 cs개념을 정확히 인식하고 제대로 된 점포 오퍼레이팅을 통하여 영업을 배워야 하고 그렇게 육성된 사원이 부점장, 지점장이 되고 또 sv가 되어서 후배들에게 제대로 된 영업을 가르칠 수 있어야 한다.

결론은 영업조직에도 정통성이 있어야 한다는 얘기다. 정통성이 있는 조직은 실행력이 강하고 퍼포먼스가 분명하다.

우리가 소매영업을 배웠던 데오데오가 그러했다.

히로시마 모든 시민들이 존경하는 지역기반의 가전전문 유통회사가 데오데오이다.

데오데오 유통회사의 사원들은 회사에 대한 강한 자부심이 있었고 가족 같은 분위기로 선후배 사이에서 교육받고 양성되었다.

데오데오 구보 회장은 창업주를 이은 2대째 회장이었다.

데오데오 신입사원으로 입사하여 반평생을 회사에 종사한 60이 넘은 사원들도 정년이 되었다고 내보내지 않고 프랜차이즈 매장 sv로 역할을 부여하고 그가 청춘을 바치며 체득한 소매경험과 노하우를 후배들에게 전수하도록 지속적인 기회를 주었다.

회사의 직원들을 직위고하, 연령에 국한하지 않고 가족처럼 끝까지 생계와 일자리를 챙기면서 경험과 노하우를 후배양성을 위해 활용할 기회를 준 것이다. 심지어 대를 이어 회사에 입사하여 충성하는 집안도 많았다.

후배사원들은 회사 선배나 고참들을 업무적으로 잘 따르는 것은 당연하고 인간적으로도 진심으로 존경하는 문화가 자리잡고 있었다.

이런 가족적인 회사와 직원들의 모습 자체가 사원들의 미래 비전이자 소매영업에 대한 동기부여임을 전체적인 운영 면에서 많이 느낄 수 있었고, 바로 이러한 모습이 영업조직의 강력한 정통성임을 느끼게 되었다.

같은 판매현장에서 함께 고생했던 추억을 가진 선배가 조직장이 되고 부서장이 되는 조직은 그 자체가 정통성이며 탑에서 바닥까지 상하 간 온도차 없이 같은 숨결로 한 호흡을 할 수 있는 하나된 조직이라고 느꼈다.

영업현장에서 판매사원들이 정성을 다해 냉장고 한 대, TV 한 대를 판매하는 것에 대한 의미와 고마움을 정확히 알고 있고 매장 바닥 걸레질을 같이 하고 먼지를 뒤집어쓰며 창고정리를 같이 했던 추억의 공유가 있는 조직.

고객 한 분 한 분의 소중함과 고마움을 공감하면서 절실한 심정으로 판매과정의 땀과 노고의 추억을 함께하고 있는 조직.

지점장은 지점장으로서의 역할을 충실히 수행하였고 지점장의 모습이 사원들의 비전이 되었다.

sv는 현장과 스탭을 충분히 경험하여 관록이 있었고 집안의 맏형처럼 관할지역의 매출과 사원들을 책임감 있게 운영하였다.

사원들은 개인적인 고민까지 스스럼 없이 sv에게 다가가서 상담하고 자문을 구하였다.

데오데오는 영업에 대한 전문성과 조직 구성원 상하 간의 정통성이 융합되어 정말 강력한 실행력을 발휘하였다.

판매현장에서 열심히 하는 사원들이 제대로 평가받고 육성되어 그 조직의 관리자가 되고 진정성을 가지고 또 후배들을 양성한다면 그 조직의 영업력과 실행력은 얼마나 강력해질 것인가.

애정과 관심을 듬뿍 받고 양성된 판매사원들이 지점장이 되고 sv가 되고 조직의 관리자가 되어 역량을 충분히 발휘할 수 있는 정통성 있는 영업조직을 만드는 것이 계층 간의 불화나 선후배 간 갈등 없이 목표하는 성과를 초과달성할 수 있는 가장 이상적인 영업조직의 모습이라고 생각한다.

경쟁유통과의
동반자적 자세

가전유통은 목좋은 장소에 경쟁유통들이 모여있는 경우가 많다. 그리고 고객유치를 위해 숙명적으로 경쟁을 한다.

특히 백화점 유통은 경쟁유통 매장이 바로 옆에 붙어 있어서 하루하루 더욱 치열하게 접전을 벌이고 있다.

상호 간의 경쟁력 우위 달성을 위하여 상품개발부터 유통정책 판촉정책의 접전이 치열하다.

한평생 경쟁적 영업을 하고 살아 오면서 경쟁유통 상대방에 대하여 느낀 점은 어떤 면에서 동병상련 감정이 드는 것이 솔직한 심정이다.

지나고 나서 생각하면 경쟁유통 간에 같이 종사하는 사원들끼리는 서로 미워할 이유가 없다는 것이다.

어찌보면 같은 생태계에서 유사한 삶의 방식으로 같은 고민을 하며 살아가고 있는, 아련한 동질감마저 느껴지는 동반자적인 관계이기 때문이다.

경우에 따라서는 상호보완적으로 협조하면서 장사를 할 수도 있다. 나는 지점장 시절에 인접한 경쟁유통 지점장들과는 최대한 좋은 관계를 유지하려고 하였다.

가끔은 저녁에 만나서 소주 한잔 하면서 인간적인 고뇌도 나누었고 주말 집객행사도 교차로 하면서 상호 간 집객시너지를 내기도 하였다.

우리나라 가전유통 구조는 세계적으로 유일한 구조이다.

메이커가 유통을 만들었고 메이커도 많은 게 아니고 독과점이다.

국내에 양판점 가전유통도 있지만 외국처럼 시장점유율이 절대적이지 못하다. 메이커가 주도하는 유통의 점유율이 높은 나라는 우리나라가 유일하다.

따라서 국내가전 유통 간의 경쟁은 몇 개 안 되는 유통간의 경쟁구도이다. 비슷한 환경에서 비슷한 구조를 가진 자들의 동병상련인 것이다.

고객에게 최고의 효용과 가치를 드리기 위한 선의의 경쟁은 양보 없이 치열하게 진행하되 동종업계에서 같이 근무하면서 같은 유형의 고뇌를 하고 있는 구성원들끼리는 서로 인간적으로 미워할 필요가 없다고 느낀다.

현실적으로는 밉지만 인간적으로는 미워할 필요가 없는 동반자라고 생각하자.

서로 같이 경쟁하면서 같이 공존하고 같이 발전할 수 있도록 여유있는 자세를 가졌으면 한다.

우리는 항상 그들의 모습에서 우리의 모습을 볼 수 있다. 우리 과거의 모습이 현재 그들의 모습이고 현재 그들의 모습이 미래 우리의 모습이 될 수 있다.

너 죽고 나 살자는 생각은 공생, 상생차원에서는 도움이 안되는 마인드라고 생각한다.

아련한 심정으로 같은 숙명적인 삶을 살고 있는 경쟁유통 구성원들과 다같이 잘 먹고 잘 살 수 있도록 선의의 경쟁을 했으면 한다.

슬기로운
직장생활

직장생활을 잘하려면 어떻게 하면 될 것인가?

이것은 영업을 잘하는 것과는 또 다른 문제이다.

나는 신입시절부터 선배, 고참 말을 잘 듣고 잘 따랐다.

그냥 선배, 고참들이 좋았고 그들의 모습에서 많은 것을 배우려고 노력했다. 간혹 나를 귀찮게 하고 부당한 지시를 하더라도 이유가 있겠거니 하고 군말없이 하나를 시키면 둘, 셋을 했고 한 가지를 하더라도 정말 고민하고 노력해서 기대 이상의 결과치를 만들어서 들이밀었다.

"지성이면 감천이다"

고민하고 노력하면 모양새가 나왔고 그럴듯한 결과치가 만들어졌다. 건방진 얘기지만 나보다 못한 부분이 있는 선배들의 모습을 보면 안타까웠고 그들의 부족한 부분을 채워 주려고 티 안 나게 노력하였다. 선배들의 노력하는 모습에 연민을 느꼈고 동지애를 느꼈다.

상사가 시키는 일은 그것이 옳든 그르든 일단 따르고 수행부터 하였다. 그러면서 자연스럽게 형성된 나의 직장관은 "상사를 존경하고 회사에 충성하자"가 되어 버렸다.

결국 하다보니 상사의 모든 것은 다 옳은 것들이었고 그것들이 모여서 회사가 된다라는 것을 너무나 빨리 알아버린 것이다.

적어도 내가 청춘을 바쳤던 회사는 항상 옳았고 바른 방향으로 나가고 있었다.

우리 젊은 시대에는 지금처럼 계층 간의 갈등이나 선후배 간의 노이즈도 거의 없었다. 아니 있었어도 서로 감내하면서 자체해결 하였으며 외부로 표면화 시키지는 않았다. 그것이 현명한 방법이었다.

외부에 얘기해 봐야 결국 자기 얼굴에 침뱉는 격이고, 누가 우리 문제를 해결해 줄 것도 아니고, 우리 문제는 우리 스스로가 감당하고 풀어야 될 문제였다.

33년의 직장생활을 정리하면서 회고를 해보면 나의 직장관은 틀리지 않았다고 생각한다. 오히려 그 직장관 덕분에 혜택을 누렸고 과분한 보상을 받았던 것 같다.

"상사를 존경하고 회사에 충성하자"

사랑하는 후배들에게도 진심으로 권하고 싶은 직장관이다.

결코 손해 볼 것 없는 사고이자 관념이다.

그리고 큰 사고 없이 정년까지 직장생활 할 수 있게 된 비결이기도 하다.

누구에게나 배울 점은 있다. 특히 우리 조직의 상사들은 우리가 하고 있는 과정을 모두 거쳐서 그 자리까지 올라온 선구자들이고 선행자들이다. 나보다 나은 점들이 많고 배울 점들이 훨씬 많은 분들이다.

왜 그들을 존경하지 않는가. 오히려 존경하지 않는 자가 어리석은 자이지 않은가. 그리고 회사가 발전해야 내가 발전할 수 있다.(나의 모든 것을 희생하자는 얘기는 아니다).

IMF 시절에 자의건 타의건 수많은 선배, 상사들이 배를 살리고자 바다에 뛰어들었다. 그들이 얼마나 힘들고 처절한 삶을 살았는지는 역사가 말해주고 있다.

더 이상 배를 살리고자 탑승원을 바다에 뛰어들게 하지 않으려면 그 배를 항공모함보다 견고하게 만들어 버리는 것이다.

회사가 튼튼해야 내가 살 수 있고 회사에 충성하는 길이 내 삶을 풍요롭게 만드는 길이다.

자발적으로 퇴사를 할 수 있는 능력이 있거나 내 사업을 할 수 있는 여건이지 않는 이상 어차피 회사생활, 조직생활을 해야 한다. 회사생활을 통하여 자아를 실현하고 가족을 부양해야 한다. 그러면 슬기로운 회사생활은 어떻게 해야 하는가.

나는 지금도 이렇게 생각한다.

직장관: 상사를 존경하고 회사에 충성하자.

일하는 방법: 언젠가 할 거면 지금 하고,

누군가 할 거면 내가 하고.

어차피 할 거면 미친 듯이 재밌게 하자.

행복한 상사: 진심으로 나를 존경하는 사원들과 일하는 상사

행복한 사원: 진심으로 나를 위해주고 육성해주는 상사와 함께 일하는 사원

성공한 직장인: 첫 입사한 회사에서 회사와 함께 성장하면서 끝까지 근무하고 정년퇴직하는 직장인

이런 생각은 신입사원 시절부터 함께했던 상사, 선배들로부터 배웠던 내용이며 내가 현직에 있을 때 줄기차게 후배들에

게도 강조하고 주입시켰던 생각들이다.

　퇴사한 지 3년이 지났지만 지금도 이런 생각은 변함이 없고 다시 신입시절로 돌아가서 회사생활을 다시 한다고 해도 슬기로운 직장생활에 대한 생각들은 변하지 않을 것 같다.

　특히 소매영업을 하는 조직은 더욱 그렇다.

　언제나 내가 먼저 솔선해야 하고 어차피 할 일이면 지금 하지 않으면 반드시 문제가 생기거나 손해가 발생한다.

　영업을 할 거면 숙명으로 생각하고 즐기면서 미친 듯이 재밌게 할 필요가 있다. 영업현장이 힘들다고 몸이 편한 스탭생활을 선호하는 사원들을 가끔 본다.

　지금까지 이 책에서 강조하였지만 영업조직에서 판매현장 생활을 제대로 못 하면 스탭역할도 제대로 할 수 없고 스탭을 하여도 결국에 다시 돌아갈 곳은 판매현장임을 명심해야 한다.

　차라리 영업을 즐기면서 열정적으로 할 수 있는 방법을 먼저 터득하는 것이 현명하다.

　영업생활의 희열도 맛보겠지만 영업에서만 느낄 수 있는 희로애락은 우리들 삶과 너무나 닮아 있다.

　힘들 때는 서로 격려하고 밀어주고 당겨주면서 서로가 잘되게 상부상조 해야 한다.

회사를 나와 보면 OB들은 이구동성으로 후회하면서 얘기한다.

있을 때 더 잘해줄 것, 위에 잘하기보다는 아래에 더 잘할걸, 진심으로 격려하고 위해주고 골고루 자양분을 준 후배사원이 잘 성장하여 조직의 관리자가 되고 임원이 되는 모습을 본다면 얼마나 뿌듯하고 자랑스러운가.

그렇게 청출어람의 모습을 보여주는 후배가 그 고마운 선배에게 제대로 보답하는 길이기도 하다.

모두가 행복한 상사, 행복한 사원이 되어서 정년까지 즐겁게 생활하고 성공한 직장인이 되기를 진심으로 바라는 바이다.

Retail =
S.D.P(speed, detail, persistence)

미국 MLB 메이저리그에서 뛰고 있는 김하성 선수를 좋아한다.

얼마 전 국내에 들어온 김하성 선수에게 고등학교 후배선수들이 물어본 내용이 tv에 나온 적이 있다.

갑자기 운동이 잘 안되고 마음대로 안 될 때 어떻게 하면 슬럼프를 벗어날 수 있는지, 야구를 잘하기 위해서는 어떻게 하면 되는지 많은 후배들의 물음에 김하성 선수의 대답은 "루틴을 지켜라"였다.

항상 하던 대로 기본적인 연습을 꾸준히 하면 슬럼프도 벗어날 수 있고 언젠가는 바라는 성적을 보여줄 수 있다고 대답하였다.

우리 지점장들도 데오데오 연수를 몇 년에 걸쳐 수차례 다녀왔지만 거의 모든 지점장들이 갈 때마다 그들에게 같은 질문을 무던이로 하였다(영업의 모든 숙제를 한 방에 풀어줄 비법이 무엇인지를 물었다).

어떻게 하면 집객을 잘하는지, 어떻게 하면 목표를 달성할 수 있는지, 어떻게 해야 단골고객을 많이 확보할 수 있는지 같은 질문을 끊임없이 하였다.

현장 판매경험과 본사 스탭업무를 합쳐서 거의 30~40년 이상 경험한 소매영업의 베테랑들도 대답은 거의 동일했다.

"영업에 비책은 없다. 영업현장에서 해야 하는 기본적인 루틴을 꾸준히 지속적으로 실천해라"는 대답이었다.

이 책의 2부에서 중점적으로 설명한 "실행력 강화 How to 실천사항"을 기본적으로 꾸준하게 실천하면서 각자 해야 할 역할을 충실히 수행하는 것이 소매영업의 정답이라는 대답이었다.

우리가 판매현장에서 지점장을 중심으로 사원들과 역할분담하여 수행해야 할 각자의 역할을 디테일하게 지속적으로 실천해 나가는 것이 소매영업을 잘하는 정답인 것이다.

필자도 국내가전 도, 소매영업 33년 경력을 바탕으로 결과적으로 정리한 루틴이 이 책의 2부 내용이다.

지점장 3大역할: ① 사원육성 ② 집객 ③ 목표달성

필수 operating: ① cs mind 구축 ② 상품담당제, 기능담당제

③ 집객판촉 ④ 가망고객관리 ⑤ 목표관리

매출(판매) = 내방객 × 접객율 × 성공률 × 객단가

소매영업 = 스피드 × 디테일 × 지속성(persistence)

그리고 필자가 인정하는 전무후무한 대표적인 우수사례 3가지를 상세하게 소개하여 소매영업 필수 operating의 현장실천 성공사례를 서사하였다.

1. 상권개척, 고객확대 우수사례(최우석 부장)

2. CS장인 단골고객 확보, 혼수판매 확대(최윤경 차장)

3. 전사판매왕 영업 마인드(송영민 그룹장)

판매현장에서 현실적으로 무엇을 루틴으로 실천해야 하는지, 그리고 그것을 훌륭하게 실행하여 괄목할 만한(명예의 전당 입성에 합당한) 성공사례를 만들어낸 실사례 내용을 2부에서 구체적으로 제시하였다.

필자가 33년간 영업인생을 살아오면서 시간적으로, 순차적으로 체험했던 영업에 관련된 역할수행 내용도 1부에서 있는 그대로 가감없이 소개하였고, 마지막 3부에서는 그렇게 영업

인생을 살아온 한 사람으로서 소매영업에 대한 솔직한 개인적인 생각과 의견을 피력하였다.

독자가 보는 시각에 따라서 충분히 개인적인 내용일 수도 있고 다 아는 내용을 정리한 것일 수도 있다.

또한 이 책의 내용은 미래지향적인 내용보다는 이미 실천했거나 또 판매현장에서 지금 실행하고 있는 과거와 현재 지향적인 내용들로 채워져 있다.

앞으로 더 효율적이고 건설적인 영업을 하기 위한 미래지향적인 내용은 필자보다 역량이 뛰어난 후배님들이 정리를 해주기를 바라는 마음이다.

그러나 분명한 것은 소매영업 현장에서 실천해야 할 필수적인 실천사항은 그리 변화성이 없다는 것이다.

고객의 삶과 가치를 풍요롭게 만드는 새로운 상품개발은 제조부문의 몫이고 만들어진 상품의 효용과 가치를 고객에게 만족스럽게 전달하고, 생활에 유용하게 활용을 하게 하여, 행복감을 느끼게 하고 삶의 질을 향상시켜 주는 역할은 언제까지나 판매사원이 해야 할 역할이다.

판매부문 역할을 제대로 하기 위하여 판매사원들이 지점장을 중심으로 매장에서 수행해야 할 기본적인 루틴(실천사항)은 시대가 변해도 그다지 내용이 바뀌는 것은 없을 것 같다. 데오데오 소매영업 베테랑 선배들의 대답이 그러했고 김하성 선수의 대답도 그러했다.

본인의 입장에서 해야 할 기본적인 실천사항을 꾸준히 실행하면서 실력을 키우는 것 그것이 자신의 역할을 100% 수행하는 비결인 것이다.

소매는 해야 할 일을 빠르게, 즉시, 실천해야 하고, 매우 디테일해야 하고, 끝까지 지속적으로 실천해야 한다. 소매영업은 머리와 입으로 하는 것이 아니고 손과 발이 먼저 움직이는 부지런한 실천력이 있어야 한다.

후기

    삼성전자 직판영업 13년, 삼성전자판매 소매영업 20년의 영업생활을 토대로 개인적인 관점에서 이 책의 내용을 서사하였다.

    퇴사한 지 3년이 지난 시점에서 나의 삶과 경험을 정리하고 싶은 욕심이 생겼다.

    회사생활 말미에 뜻하지 않는 개인적인 일이 생겨서 정년을 1년 남기고 명예퇴직을 하게 되었다.

    시기적으로 코로나19 상황이어서 많은 사람들과 만나지도 못했고 할 말도 제대로 못 하고 퇴사하였다.

    그래서 누군가에게 나의 삶을 얘기하고 싶었고 특히 영업을 하고 있는 회사 후배들에게 하고 싶은 말들을 많이 적은 것 같다.

    나는 지금도 늘 그들과 함께하고 있다. 몸은 떨어져 있고 회사에 갈 수 없지만 정신머리와 마음은 매일 출근하여 회사 어딘가에 앉아 있는 것 같다.

장사가 안 되면 같이 걱정하고, 나만의 솔루션을 얘기하고 싶고, 그리고 퇴근하면서 또 어딘가에서 후배들과 소주잔을 같이 기울이면서 영업의 애환을 나누고 있는 것 같다.

33년을 매일 목표, 경쟁력과 씨름하고 스트레스 받으면서 숱하게 많은 밤을 지새우기도 하였다.

나는 지금도 회사를 사랑하고 후배들을 사랑하고 내가 했던 영업을 그리워한다.

모든 것들이 그립고 다시 그 시절로 돌아가고 싶은 심정이다.

후배들에게 이런 얘기를 자주 하였다.

회사생활의 비전은 스스로 만들어야 하고 스스로 실천하여 이루어 내야 한다고 했다.

97년 일본 지역전문가 시절 동경에 숙소를 정하고 삼성 TV를 사기 위해 동네를 헤매다가 어느 대형슈퍼 한쪽 구석에 먼지가 잔뜩 쌓인 초라한 14인치 MVCR(tv+vtr) 1대를 발견하고 품에 안고 집에 오면서 왠지 모를 서러움에 속으로 눈물을 흘렸었다.

그 뒤로 십수 년이 지난 어느날 일본을 대표하는 유수기업 대여섯 개의 영업이익을 합친 것보다 삼성전자 영업이익이 2배를 넘었다는 신문기사를 접하고 소름이 돋는 듯한 묘한 감정에 휩싸였다.

죽어라고 하면 되는구나. 비전은 누가 만들어 주는 것이 아니라 나부터, 우리 모두가 스스로 만들고 행동하여 쟁취할 수 있는 것이라는 것을 후배들에게 강조하여 얘기했었다.

우리가 하고 있는 가전 소매영업도 열심히 하다 보면 어느 순간에 애플과 데오데오를 뛰어넘어서 세계1등 유통이 되어 있을 것이라는 비전을 이야기하였다.

요즘 후배들과 가끔 만나 얘기하다 보면 많이들 힘들어하고 있는 것 같다. 영업환경이 변하고 있고 갈수록 경쟁이 치열해지고 계층 간의 소통도 어려워하고 있다.

영업환경은 갈수록 더 급격하게 변화할 것이다. 받아들이고 각오를 해야 한다.

영업의 정답은 고객에게 있고 고객이 끝없이 진화하고 발전하는데 영업도 따라서 바뀌고 진화해야 할 것 아닌가.

그러나 영업의 본질은 변하지 않는다고 본다. 누군가는 고객에게 상품을 설명하고, 전달하고, care를 해야 한다.

그 과정에서 고객을 만족시키는 역할은 영업사원이 해야 한다.

끝으로, 김하성 선수가 고등학교 후배들에게 해야 할 루틴을 열심히 훈련하다 보면 어느 순간 메이저리그에 와 있을 거라고 얘기했듯이 나도 이 책에서 후배들에게 강조하고 싶다.

스스로 비전을 가지고 해야 할 소매영업의 루틴을 지속적으로 실천하다 보면 우리 회사는 어느 순간 세계1등 초일류 유통회사가 되어 있을 것이다.

과거의 데오데오나 애플보다 연봉을 더 많이 받는 시절이 반드시 올 것이다.

평생을 영업생활을 같이한 선배로서 이 책의 내용밖에 서사하지 못한 부분에 대해서는 부끄럽기 그지없다.

모든 업종의 소매영업에 종사하고 계신 모든 분들에게 경의를 표하면서 끝을 맺고자 합니다.

감사합니다.

2024년 3월 어느 날

삼성전자의 영업달인이 전하는
소매영업의 비법

권선복
(도서출판 행복에너지 대표이사)

영업은 어떻게 해야 잘할 수 있을까요? 마치 전쟁과도 같은 치열한 영업전선에서 해답을 찾기 위해 고군분투하는 것은 영업을 천직으로 삼아 뛰고 있는 모든 현장 전문가들에게 해당되는 부분일 것입니다.

『삼성판매 STORY 실행력으로 승부한다』는 삼성전자 직판 도매영업 13년, 삼성전자판매 가전 소매영업 20년, 도합 33년을 가전제품 도·소매 영업에 종사해온 김윤선 저자가 영업전선의 후배들에게 들려주는 자신의 경험이자 실무사례에 기반한 영업의 비법입니다. 특히 이 책은 영업 현장의 사원들을 육성하고 독려하면서 동시에 본사와의 적절한 연계로 지점을 부흥시켜야 하는 지점장의 위치에 있는 사람들을 대상으로 매우 실질적이면서도 구체적인 비전을 제공하고 있는 것이 특징입니다. 김윤선 저자는 자신의 33년간의 영업인생을 회고하면서 "선배와 상사들로부터 성장에 필요한 많은 것들을 받았고, 이제는 그것을 후배들의 성장을 위해 돌려주고 싶다"고 이야기하며 이 책을 쓰게 된 계기를 들려주고 있습니다.

이 책에서 집중적으로 강조하는 것은 언제나 부지런한 자세로 '기본'에 충실해야 한다는 것입니다. 매장에 손님은 많을 때도 있고 적을 때도 있으며, 매장에 방문하는 모든 손님이 물건을 구매하게 만드는 것은 불가능합니다. 하지만 자신이 맡고 있는 상권을 꾸준히 분석하고, 해당 상권에 맞는 상권 장악 전략을 세우고, 매장을 방문하는 모든 손님을 최상의 방법으로 접객할 수 있도록 스케줄을 구성하고, 당장 상품을 구매하지 않는 고객에게서도 가망정보를 제공받고 멤버십을 구축하는 등의 일상적인 노력을 꾸준히 유지하는 지점장과 그렇지 않은 지점장의 사이에는 큰 격차가 반드시 생긴다는 것이 책의 골자입니다.

삼성인으로서 정년을 마치고 퇴직한 지금에도 후배들과 함께하면서 같이 기쁨과 걱정을 나누고 자신의 솔루션을 전달하고 성장에 도움을 주고 싶다는 김윤선 저자의 이 책이 오늘도 고군분투하고 있는 모든 영업 담당자들에게 영업의 근본을 관통하는 인사이트를 심어주기를 희망합니다!

행복을 부르는 주문

- 권선복

이 땅에 내가 태어난 것도
당신을 만나게 된 것도
참으로 귀한 인연입니다

우리의 삶 모든 것은
마법보다 신기합니다
주문을 외워보세요

나는 행복하다고
정말로 행복하다고
스스로에게 마법을 걸어보세요

정말로 행복해질것입니다
아름다운 우리 인생에
행복에너지 전파하는 삶 만들어나가요

'행복에너지'의 해피 대한민국 프로젝트!

<모교 책 보내기 운동> <군부대 책 보내기 운동>

한 권의 책은 한 사람의 인생을 바꾸는 힘을 가지고 있습니다. 한 사람의 인생이 바뀌면 한 나라의 국운이 바뀝니다. 그럼에도 불구하고 많은 학교의 도서관이 가난하며 나라를 지키는 군인들은 사회와 단절되어 자기계발을 하기 어렵습니다. 저희 행복에너지에서는 베스트셀러와 각종 기관에서 우수도서로 선정된 도서를 중심으로 <모교 책 보내기 운동>과 <군부대 책 보내기 운동>을 펼치고 있습니다. 책을 제공해 주시면 수요기관에서 감사장과 함께 기부금 영수증을 받을 수 있어 좋은 일에 따르는 적절한 세액 공제의 혜택도 뒤따르게 됩니다. 대한민국의 미래, 젊은이들에게 좋은 책을 보내주십시오. 독자 여러분의 자랑스러운 모교와 군부대에 보내진 한 권의 책은 더 크게 성장할 대한민국의 발판이 될 것입니다.